Tacim Çiçek

DERELER BUZ BAĞLADI

roman

Tacim Çiçek

DERELER BUZ BAĞLADI

roman

DOĞU KİTABEVİ

DERELER BUZ BAĞADI
Tacim Çiçek

T.C. Kültür ve Turizm Bakanlığı
Sertifika No: 47410

Genel Yayın Yönetmeni:
İbrahim Horuz

Kitap Tasarım:
R. Tanyeri

Baskı ve Cilt:
Md Ofset Matbaacılık Zeytinburnu-İstanbul
Sertifika No: 50194

1. baskı: Mart 2001, Ceylan Yayınları/İst
2. Baskı Ocak 2023

ISBN: 978-625-8034-11-0

ALAN YAYINCILIK
İslambey caddesi No:102-104B Eyüpsultan-İstanbul
Tel.: 0 212 527 29 26
www.dogukitabevi.com

Tacim ÇİÇEK

(5 Eylül 1958, Adana), yazar, eleştirmen ve şair. İlk ve orta öğrenimini Ceyhan'da bitirdi. 1980'de Ankara Eğitim Enstitüsü'nden mezun oldu. Çeşitli illerde öğretmen olarak görev yaptı. *TYS, PEN Yazarlar Derneği, Edebiyatçılar Derneği* ve *Mesam* üyesidir. 1999 yılında Damar Edebiyat Emek Ödülü de alan Çiçek 1996'da yazdığı *Yaralı Coğrafyalar Kitabı* isimli şiir dosyasıyla 2003'te *Sanat ve Hayat Dergisi*'nin şiir yarışması dalında İkincilik Ödülü aldı. Yazar öykü çalışmalarıyla da ödüllendirildi: 2002'de "Esercan'la Sevcan'ın Hikâyesi" isimli öyküsüyle *Beşparmak Dergisi* Ferzan Gürel Seçici Kurul Özel Ödülü'nü, aynı yıl *Adana Edebiyatçılar Derneği*'nin düzenlemiş olduğu Turan Altuntaş Öykü yarışmasında da "Kamalı Bekir" isimli öyküsüyle Birincilik Ödülü aldı. Çeşitli dergi ve gazetede yazıları yayımlandı. **Şiir kitapları** *Ellerimiz Tırpandır Acıya* (1989), *Süremez Daima Hükmü Acının* (1991), *Gülyaşam* (1993); (Bazı şiirleri, Grup Munzur, Ekrem Ataer, Süleyman Turan, Ferhat Tunç ve Umut Akkuş tarafından bestelendi.) **Öykü kitapları** *Yaşamın Özge Yorumu* (1991), *Beyaz Kısa Pantolon* (1991), *Kızıl Valizli Kadın* (2013); **Söyleşi, Deneme ve Romanları:** *Aykırı Sevdalar Söylencesi* (1993), *Kekliğin Son Ötüşü* (Gençlik Romanı, 2011), *Bana Güvercinleri Anlat* (Gençlik Romanı, 2011), *Kitap Hırsızı* (2014), *Ben/cil Metinler* (2015) *Söyleşiler/im* (2015), Bir Hayal Satıcısı (2016), Çocuk Edebiyatı Denilince (2017), Geçmiş Ceyhan'da Çocukluktu (2018), Hatıralar Manavkuyu (2019), Reddediyorum (2019), Geride Yazılan Kaldı (2020), **Çocuk kitapları** ise, *Günışığı'na Mektuplar* (2001-2017), *Şeftali Dede* (1995-1997-2000-2007-2011), *Eşek Çalanlar Çetesiyle Savaş* (1998), *Elma Ağacı* (1998-1999-2000-2007-2011), *Altın İkizler* (1999), *Kurtkıran* (1998-2000-2017) *Güvercinler* (2001), *Seçkin'in Masalcı Ninesi* (2001), Seçkin'in Serüvenleri Dizisi: 1. Kitap: *Ölümsüz Kuş*, 2. Kitap: *Masalcı Nine*, 3. Kitap: *Meçhul Kurtarıcı*, 4. Kitap: *Kayıp Köyün İzinde*, 5. Kitap: *Düş Ülkesi* (2003), *Sığırcıklar* (2009-2017), Eşek Hırsızları, (2017), Çocuk romanları da ödüle layık görüldü: *Şeftali Dede* ile 1995 Çankaya Belediyesi-Damar Dergisi Çocuk Romanı Birincilik Ödülü, *Elma Ağacı* ile 1997'de Kırıkkale Eğitim-Sen Çocuk Öykü Yarışması Üçüncülük Ödülü, 1997'de *Kurtkıran* ile Mevlüt Kaplan Edebiyat Ödülü Çocuk Romanı Mansiyon Ödülü.

Dereler buz bağladı
Avcılar iz bağladı

Öndeyiş

Anlatıcı olan ben aynı zamanda Bora'nın en yakın dostuydum. Birazcık da olsa yaşadıklarından ve tanığı olduğu olaylardan yararlanıp bir roman yazmak istediğini biliyordum. Derdi, kafasında tasarladığı romanla binlere, on binlere ulaşmak değildi. Derdi, kendisini mesleğinden eden, ilgili ilgisiz olayların büyük bir bölümünü anlatmaktı. Belki de bir tür iç dökme... Huzura erme. Her ne derseniz okuyacak olduğunuz işte bu. Bundan sık sık söz ederdi çünkü. Birlikte takıldığımız bir akşam, 'heveste kalmasın, artık başla şu romana yoksa en ince ayrıntısına kadar bildiğim o konuyu ben yazacağım bilmiş ol.' demiştim. Ama öylesine dediğim şeyin kısmen de olsa gerçekleşeceğini hiç düşünmemiştim doğrusu, tahmin bile etmemiştim üstelik.

Oldu işte...

Öndeyişte biraz dostumdan biraz da gönül verdiği bu çabasından söz edeceğim.

Kafasına yatmış olmalı dediğim. Elinde küçük bir yolculuk valiziyle bana gelmişti erkenden. Büroya gitmek için hazırlanmıştım. Kapıda bekledi. İçeri girmedi. Gözleri ışıl ışıldı. Belli ki mutluydu. Yaklaşık üç yıl görev yaptığı köyü ve ilçedeki dostlarını görmesi için gara bıraktım onu. Bir ay kalmayı düşündüğü için de izin vermiştim ama o üçüncü haftanın ikinci gününde işe benden önce gelmişti. Şaşırdım tabii. *Topluma Farklı Bakış*'çılarla görüşmüş. Gitmek, görmek istediği yerlere onlar arabalarıyla götürmüşler kendisini. Sırayla evlerinde ağırlamışlar. Gazetenin o yıllara ait arşivini açmışlar ona... Gereken bilgileri almış, görüşmelerini yapmıştı. Kafasındaki roman için notlarının, sorup öğrendiklerinin yeterli olduğunu söylemişti bana. Ve mümkünse bir an önce tamamlayıp okumam için bana vereceği zamana kadar romanla ilgili hiçbir şey sormamamı da tembihlemişti.

Dediğini yaptım ve sormadım hiçbir şey.

En neşeli, en coşkulu anlarında bile dilimin ucuna gelen ki inanın aklımdan çıkmıyordu romanı; 'bitmedi mi şu roman Bora?' sorusunu sormadım, soramadım ona.

Arada bir şeyler yazardı, önceleri. Bana da okuturdu. Birlikte orasını burasını düzeltip en baba dergilerden en anaç olanına gönderirdik. Aksilik hiçbiri de yayımlanmadı. On kadar da öykü yazmıştı. Bana göre, alıp okuyabildiğim dergilerdeki öykülerden de anlatım ve konu bakımından daha yetkindiler. Yine de dergilerin mutfaklarındakilerden birinin bile dikkatini çekmemişti. Öyküyü de bıraktı ya da yazdıysa bile en azından bana göstermedi. Bilmiyorum ama ondan bir daha da başka bir öykü okumadım.

Derken şiir yazmaya başladı. Buluştuğumuzda gösterirdi. Görevde olduğu zamanlarda da bir kopyasını bana postalardı. 'Kardeşim içine sindiyse gereğini yaparsın artık?' diye not da iliştirirdi.

Ben de yazmaya tutkundum bir zaman tabii. Birkaç önemli dergide öykülerim yayımlanmıştı. Ödül bile almıştım bir öykümden dolayı. Ödülün parasını vererek ilk kitabımı da çıkartmıştım. Gerçi daha sonra hiç başka bir ödül de alamadım. Ama tanıdıklarımı araya koyarak bir kuruş para ödemeden iki kitap daha yayımlatmıştım hepsi bu.

Etrafıma bir baktım ki hiç okumayan da yazıyor, sözde okuyan da... Benim gibi özden okuyanın yazdıklarının da bir kıymeti, karşılığı yok/tu.

Yani okuyandan neredeyse katbekat yazar gördüm çevremde. Daracık çevremi ülkemiz kadar canlandırdım gözümde ve onca *okumazyazar* arasında işim olmadığına karar verdim. Sözümde durdum. Bu tutkumu içime gömdüm ve mali müşavirlik/muhasebecilik işimle ilgilendim.

Çok sevdiğim yazarları okumayı bırakmadım tabii. İşte 'gereğini yapmamı' istediği durum bir zamanki yazma tutkumdan dolayı sınırlı bir edebiyat çevresi edinmiş olmamdandı.

Şiirlerini dergilere gönderdim. Bir şiiri bile yayımlanmış olsaydı dişimin tekini kıracaktım, inanın. Hırs yaptım ve iyi tanıdığım, o sıralar Aykırısanat Dergisi'ni birkaç arkadaşıyla çıkaran Tacim Çiçek'ten dostumun bir şiirini yayımlamasını istedim. Sağ olsun bir değil üç sayıda tam beş şiirini yayımladı dostum. Çok sevinmiş Bora dergilerde şiirlerini görünce. Yollamıştım dergileri çünkü. Dergiye abone de olmuştu.

Şiir yazdıkça yazdı ya da yazmıştı da ortaya çıkardı, bilemiyorum. Kendisi göndermeye başlamıştı şiirlerini. Tacim dergiden ayrıldı tabii. Ben de *şiir gönderme* dedim. Sanırım belki yayımlanırdı ama dediğim gibi göndermedi bir daha, bana verdiği sözü tutmuştu. Ama hiç yılmadı...

Bu arada ikinci görev yeri olan ve bu romanda sözü edilen ilçeye tayini çıkmıştı.

İlçenin asıl adı başka tabii ve Alız diye adlandırdığı köyde öyle. İlçenin bu en uzak köyünde göreve başlamıştı. O zaman daha 27 bilemedim 28 yaşındaydı. Kısa zamanda *Topluma Farklı Bakış*'çılarla tanışmış ve kaynaşmış onlarla. Bir tür düşünce kardeşliği...

Bu yerel gazetede kısa yazılar, şiirler yayımlattığını, onların isteği üzerine de memur olduğu için takma ad kullandığını söylemişti bir defasında. Orada bulunduğu süre içinde önceleri ilçeye her gelişinde annesini aradığı gibi beni de arardı; zamanla aramaları ayda bire, sonraları senede iki bilemedim üçe düştü. Ama tatillerde geldiğinde aradan onca zaman geçmemiş gibi ilişkimizi bıraktığımız yerden sürdürürdük onunla.

Dostluğa, arkadaşlığa çok önem verirdi.

Yerler, adlar değiştirilmiş de olsa romanda anlatılanlar onun yaşadıklarıydı... Her tatilde büroya geldiğinde büyük bir heyecanla durmamacasına anlatır da anlatırdı...

Sonradan öğreneceğim bir saldırıda yaralanmıştı...

İyileşmeye başlamasının ardından ki bunu kronik yüksek tansiyon hastası annesinden saklamıştı ve telefonla onu aramalarını da içinde bulunduğu zor şartlara rağmen ihmal etmemişti; mesleğimden olan bir küçüğüne (ki kendisi onca kardeşin en büyüğüydü) söylemiş, böylelikle de haberim olmuştu vurulduğundan...

İkimiz de işimiz gereği onu hastanede olduğu süre içinde iki kere ziyaret edebildik. Ne diyebilirim ki... Her şey hızla gelişti desem yeri. Sorgulandı, yargılandı. *Topluma Farklı Bakışçı*'larla hapse atıldı.

Altı ay yattı. İki koldan yapılan yargılamadan fazlasıyla ki hiç suçu olmadığı hâlde ceza aldı. Ona en ağır gelen de öğretmenlikten men edilişi oldu. Mesleğini ve çocukları fazlasıyla seviyordu... Her şey sona erince kardeşiyle değil de benimle çalıştı.

Sohbeti, neşesi, içtenliği bana yetiyor artıyordu da...

İster ömür, ister zaman deyin her neyse işte; açık unutulan bir musluk gibi durmadan akar. İstesek de durduramayız, ancak payımıza düşeni avuçlayabiliriz bu ilginç musluktan...

Ara ara baş ağrılarından, görme bulanıklıklarından, sebepsiz kusmalarından söz ederdi ama bir sabah işe gelmeyince evlerini aradım. Telefona babası çıktı. Kırık ve yardım isteyen bir sesle, 'nesi var bilmiyorum ama hastanede şimdi.' Gelmemesi ve de haber vermemesi uzayınca evlerine gittim. Salona alındım. Meslektaşım olan kardeşi, üzülerek; 'Sen de dâhil kimseyle görüşmek istemiyor nedense...' dedi.

Ve her şey üç beş ay sürmedi.

Benimle de hiç mi hiç görüşmek istemedi.

Beyninde tümör varmış. O an yıkıldım.

Birkaç kez sormaya gittiğimde o bilmeyecek de olsa odasının kapısından gizlice baktım ona. Kafasındaki patates yumruları ve erimiş bedeni, siyahî sarı teni beni çok etkiledi. Annesini, babasını ve kardeşlerini anlatmak bile istemiyorum... Zaten Bora'dan birkaç ay sonra da öldü kadıncağız.

Benim aklımda yaşadığım sürece kalacak olan bir soru var ama... İyi bir şair ve can dostumuz, ağabeyimiz olan Adnan Yücel'i ilk ve son kez evinde ziyaret etmiştik onunla. Adnan'ın içler acısı hâli ikimizi de perişan etmişti... Hafta olmadan da kaybetmiştik canımız Edo'yu. Ben yurtdışındaydım sonradan haberim olmuştu, Bora da ben olmayınca gitmemişti, belki de gidememişti cenazeye...

Arabamla bir başka şehirdeki evimize dönerken ikimizin de

ağzını bıçak açmamıştı. Gece yarısı diyebileceğimiz bir saate onu evlerinin kapısına bıraktığımda ne o bir şey söylemişti ne de ben...

Bora'nın ölüm haberini aldığımda ilk aklıma gelen:

"Bora, Adnan ağabeyin başına gelen bir gün benim de başıma gelir mi?" diye içinden geçirmiş miydi, sormuş muydu kendisine. Durumundan önce ya da durumu süresince de olsa, aklına getirmiş miydi Adnan'ın o hâlini? Hiç yanıtını bilemeyeceğim bir soruydu bu.

Annesinin ölümünden sonra evlerine gittik bir grupla. Onlar bir süre oturduktan sonra kalktı. Ben de kalkmak isteyince mesleğimden olan kardeşi biraz daha kalmamı rica etti benden.

Bana, Bora'nın şeffaf bir dosya içindeki roman taslağını verdi.

Duygulandım, gözlerim bulutlandı...

İlk dikkatimi çeken, 'ömrümün vefa etmeyeceğini bilseydim sana iş düşürmezdim aslanım. Oku ve hak ediyorsa gereğini yap. Kim bilir böylece sonsuza dek aynı yaşta bir başka Peter Pan olabilirim aranızda,' notuydu. Acı bir gülümseme, kara bir kuzgun gibi gelip dudağıma kondu ve gagaladı. Kendimi zor tuttum...

Tuhaf duygularla ayrıldım ordan...

Bana üstesinden kalkamayacağım bir iş bırakmıştı.

Ve nice sonra, hayatı hem alıştığım hem de onunla olan güzel anılarla bıraktığım yerden sürdürmeye başladım. Roman taslağını okudukça da bana düşen pek fazla iş kalmadığını gördüm. Böylece rahat bir nefes aldım. Kendisinin benimle çalıştığı zamanlarda ara ara aradığı *Topluma Farklı Bakışçı*lar ve bazen de onlar aradığında öğrendiği bazı şeylere romanında yer vermemesini hiç sorgulamadım, yadırgamadım. Yusuf'un, doktorun başına gelenler ve Arif'in intiharı, hele hele Fadik'in katledilişi olayı, Alızlı Sıdıka yüzünden açılan davayı... İlk aklıma gelenler olduğu hâlde... Bu yüzden ben de onun kurgusuna, üslubuna sadık kaldım.

Arkadaşımın kırmızı kalemle, 'Elmalılılar Fadik'in mezarına gül bırakmamı engellediler. Üçümüzü mezarlığa bırakmadılar. Elmalı'dan sağduyulu birkaç insan sayesinde güçlükle ayrılabildik ve darp edilmekten son anda kurtulduk...' notuna da üzüldüm.

'Yusuf ile Canan'ın yan yana olan mezarlarına Alızlılarla birlikte ziyaret edip gül bırakmamız beni inanılmaz derecede duygulandırdı,' notu da sevindirdi beni.

Hüseyin'in hakkında da hiç söz etmemesi kafamı karıştırdı tabii. Çünkü Bora'nın yaşam hikâyesinde önemli biriydi o. Bu yüzden *Topluma Farklı Bakış*'ı internetten araştırdım. İletişim bilgileri için. Arkadaşımın notları arasındaki telefondan ulaşamamıştım onlara çünkü. Adının Zafer olduğunu söyleyen karşıdaki gazeteciye Hüseyin Çetin'le ilgili ne bildiğini sordum. Bora Elagöz adını verdim. Romanından söz ettim. Üzüntüsünü, romanı bildiğini ve taslaktan birkaç sayfa da okuduğunu, hatta gazetelerinde tefrika etmek istediklerini Bora'nın da 'roman yayımlandıktan sonra...' diyerek ötelediğini söyledi.

Onun ne kadar iyi bir insan olduğunu belirtti, Hüseyin'in içerideki bir vukuatından dolayı Çanakkale'ye sürüldüğünü, ona ulaşmanın mümkün olmadığını, yine de sürüldüğü hapishanenin yetkililerine ulaşabildiklerini, müdürün tecritteki bir mahkûmun cezası bitmeden görüşme yapılamayacağını söylediğini, açıkladı.

Romanı merakla beklediğini yayımlanması için istersem elinden gelen katkıyı koyacağını da ekledi sözlerine.

Bora'nın bana anlata anlata bitiremediği öğrencisi Hüseyin Çetin için yeni bir not yazmamış olmasının nedenini bilmiyorum. Bu konuda bir yorum da yapamam ama yine de ilgili olabilir diye gazeteciyle yaptığım görüşmeyi eklediğimi belirtmeliyim.

Bora'nın yaşadıklarından oluşturduğu taslağa hiç dokunmadım. Yapılması gereken bu öndeyiş ve son deyişti. O da ara boşlukları doldursun diye bunlara itiraz etmezdi.

Bora, romanını adı geçen gazetenin, kendisi de oradayken yayınladığı dokuz kısa haber üzerinden kurgulamıştı. Önce gazete haberini vermiş, ardından da bu haberin ayrıntısını açıklamıştı.

Aklımda kaldığı kadarıyla 1990'ın Ağustos'unda gitmiş ve 1993'ün Eylül'ünde cezasını da çekerek gelmişti...

O bölgenin en ücra köyünde bile elektrik varken bundan hiç söz etmemiş. Ayrıca cezaevindeyken çektiği keyfi işkenceyi de anlatmamış.

Oysa bana anlattığında içim dışıma çıkmıştı.

Nedenini anlamadığım hâlde arkadaşımın romanının özüne tek sözcük dahi eklemedim ve gereksiz bulduklarımı da çıkarmadım.

Son olarak okuduğunuzda göreceksiniz romanın sonuncu gazete alıntısındaki, "...Yetkililer, soruşturmanın derinleştirileceğini, olayın bir kaza mı yoksa kasıt mı olduğunun araştırılacağını, bunun da kendilerini kavaklıktaki meçhul kişi ya da kişilere götüreceğini söylediler." cümlesini...

Bununla ilgili kendisinin ve gazetecilerin şikâyetlerine rağmen, dilekçelerinin işleme konulmadığını hiçbir davanın açılmadığını, Pancar Üreticileri Birliği'nden hiç kimsenin sorgulanmadığını, ifade vermeye bile çağırılmadığını da not düşmüş arkadaşım.

Altına da büyük harflerle,

ADALET Mİ BU! diye yazmış.

"...Birkaç yıl önce ilçemize bağlı Alız Köyü'nde öğretmenlik yapan yazar Bora Elâgöz (34) gazetemizi ziyaret etti. 'Burada çalıştığım süre içinde yaşadıklarımı, tanığı olduğum olayları ve kişileri de anlatan bir roman yazacağım. Bu yüzden geldim. O yıllara ait gazetelerinizi istiyorum,' dedi."

Topluma Farklı Bakış

"Öğretmenim,

Buraya kapatıldığımdan beri, bana güç, bana destek ve bana arkadaş olan mektuplarınız sayesinde bir yer, bir saygınlık edindim. Bu kadar seviliyorsam, sayılıyorsam sizin sayenizde! Gönderdiğiniz mektupları, birbirinden güzel ve değerli kitapları; sayıları her geçen gün artan arkadaşlarımla paylaşıyorum. Hepsi sizi tanıyor ve seviyor. Sadece yatakhanemizde kitaplık kurmakla kalmadık, yatakhane dediğimiz diğer koğuşlarda da kitaplık kurulmasına katıldık. Buradaki çocukların çoğunda kitap okumak ve kitap edinmek bir tutku artık...

Sayenizde kitapçıl çocuklar olduk. İnanınız, güzel de oldu! Işığınız beni ve arkadaşlarımı burada da yalnız bırakmadı; aydınlattı! Teşekkürler, binlerce, milyonlarca kere...

"Öğüdünüzü tutuyorum ve ailemi mektupsuz bırakmıyorum. Onlar da kardeşlerime yanıt yazdırıyorlar. Beni mektupsuz bırakmıyorlar. Bu mektuplarla bağımız perçinleşiyor. Birbirimize olan sevgimiz artıyor. Annem her mektupta benden fotoğraf istiyor. Annemi kırmıyorum. Fotoğraf çektirip gönderiyorum.

"Beni, ailemi, Alızlıları, kısacası tanığı olduğunuz olayları anlatacak olan romanınız ne durumda? Bu romandan kardeşim de söz ediyor mektuplarında; Alız'a gideceğinizden, evimizde kalacağınızdan, romanınızla ilgili araştırma yapacağınızdan, üstelik de uzun uzun...

"Benimle ilgili sorularınıza verdiğim yanıtlardan yararlanıyor musunuz? Sorularınız, düşüncelerimi, yaşadıklarımı bütün ayrıntılarıyla anımsamamı sağladı ama yine de yeterince yararlı oldum mu, bilemiyorum. Heyecanlıyım! Romanınızı merakla bekliyorum!

"Benimle yüz yüze konuşmak isteğinize müdür olumlu yanıt verdi. Koğuşlarda kitaplık kurulmasına yardımcı olduğunuz için sizi daha yakından tanımak istiyor. Gelecek olursanız çok sevineceğini söyledi, size selam göndermemi istedi benden. İşleriniz ve romanınız sizin bizi ziyaretinize engel değilse lütfen bir an önce gelin, çok sevineceğim! Arkadaşlarım da sevinecek! Çünkü arkadaşlarım da sizi görmek ve sizinle tanışmak istiyor. Bunu bizden esirgemeyin! Hem yüz yüze konuşursak yaşamımla ilgili ayrıntıları daha iyi anımsayacağım, ne dersiniz? Böylece amacınıza yaramış olmaz mıyım?

"Bize, yeni kitaplarınızı getirin. Işığınıza kapalı değil gözlerimiz. Bunu bilin. Ayrıca birkaç yazım kılavuzu ve sözlük istiyoruz.

"Biliyorum, kızacaksınız, yine de ellerinizden öpüyorum.

"En içten ve kalbi selâmlarımla... Hoşça kalın!"

Hüseyin Çetin

"...Tarım İşçileri Sendikası, ilçemizde de bir şube açtı. Şube yetkilileri, köylerdeki mevsimlik tarım işçilerini örgütlemeyi amaçladıklarını, bu yüzden gittikleri her köyde karşılık bulduklarını ve hiç tahmin etmedikleri sayıda üye kaydettiklerini söylediler..."

Topluma Farklı Bakış

1. Bölüm

1

Alız'ın kahvehanesi ağzına kadar doluydu. Masaların çevresindeki sandalyelere oturanlarla, duvarların önünde sıralananlarla ve ayakta duranlarla... Soba gürül gürül yanıyordu. Sobanın etrafındakiler boncuk bocuk terlemişlerdi. Herkes nefesini tutmuş, gözlerini Bora'dan ayırmadan, onu dinliyordu. "Arkadaşlar, bu böyle olmaz!" dedi, "Kadınlarınızın, kızlarınızın ve gelinlerinizin, sizin çektiği dayanılır şey değil, gerçekten de! Pancar çapası başladı başlayacak. Pancarcıların belirlediği, gelenekselleşmiş çalışma biçimi bir angaryadır. Buna karşılık verilen ücret düşünüldüğü zaman, onca emeğin karşılığı olmadığı görülür. Bu insanlık dışı, bu insafsızlıktır. Pancarcılar dediğim pancar üreticileri, nasıl kendi çıkarlarını düşünüyorlarsa, sizin de kendi çıkarlarınızı düşünmeniz gerekir! Şimdi, sabahleyin saat altıda uyanacaksın, dayanılmaz ayazda traktörün arkasındaki arabayla tarlaya gideceksin, elin ve ayağın buz kesmişken işe başlayacaksın, akşamın alacakaranlığına kadar durmadan çapa sallayıp çalışacaksın. Soluklanmadan ve doğru dürüst yemeğini bile yemeden. Her gün on beş saat ter dökeceksin.

Soruyorum size, bu çalışmanın karşılığında verilen gerçek bir ücret midir? Böyle bir çalışma temposuna katlanmak insanlığa sığar mı peki? Şimdi sizin, 'kadın kısmıdır, ne yapalım evde mi otursunlar? Ek bir gelir, ne olursa ölsün geçimimize katkısı oluyor.' gibi geçersiz gerekçeleriniz hiç de mantıklı değil. Kadınlarınıza, kızlarınıza, gelinlerinize ve bu işlerde çalışmak zorunda kalan gençlerinize sahip çıkmanızın zamanıdır şimdi!"

Kahveci hemen atıldı: "Söylediklerin çok doğru," dedi "ama diyelim ki bizimkiler çapaya gitmedi, çalışmaya ihtiyacı olan ve gidecekler öyle çok ki. Buranın geleneği bu Bora öğretmen, böyle gelmiş böyle de gidecek!"

"Hayır," dedi Bora öğretmen; ona bakarak, "böyle gelmiş ama böyle gitmeyecek! Her şeyin bir çaresi var."

"Alız'da," dedi Kahveci umutsuzca, "bu olmaz."

"Alız'da," dedi yaşlı bir adam, "iki kilo şekere karşılık çalışmak isteyen var, niçin bilin mi? Mecburiyetten..."

"Mecburiyeti bilir misin Bora öğretmen?" dedi gençlerden birisi; "ev geçindirmek, çoluğu çocuğu kimseye muhtaç etmemek şimdi daha zor. Çünkü ekmek aslanın midesinin sonunda, uzan uzanabilirsen! Bekâra karı boşamak kolay ve alınma ama Allah'tan sağlık, devletten aylık; ne var senin için."

"Üstelik de birkaç ay sürüyor çapa işi," dedi sığırtmaç, "söküm, taşıma, yükleme işi değil mi, değmez ki."

"Bu söyledikleriniz çok doğru," dedi Bora öğretmen, "Size hak veriyorum. Ama değmez demeyin; değer! Kendinizden, emeğinizden yana nasıl böyle duyarsız, tepkisiz, sessiz olursunuz? Teslimiyetçi olmayın! Soruyorum, eylülden kasıma kadar, çapalanan pancarı, aynı zorluklarla toplamıyor musunuz? Bence önemli olan çalışmanın süresi de değil, önemli olan çalışma koşulları ve emeğe karşı alınan ücrettir. Asıl önemli olan bu. Benim, emek veren insanlara uygun görmediğim bu işte! Çok çalışmak, zorluk çekmek ve buna karşılık yeterince ücret alamamak, işte acı olan bu!"

"Biz de biliyoruz ücret az," dedi İmam Sefer "ama elden ne gelir. Sen gitmesen gidecek çok. *Eski köye yeni âdet getirmek, arı kovanına çomak sokmak* gibi yanlıştır. Aşımıza, ekmeğimize katık olan bu işi kaybedersek çok ararız."

"O katık daha yağlı olsun istiyoruz," dedi Bora öğretmen, "şimdi, pancar çapalatmak için Alız'a işçi götürmeye gelen birisi çıkıp da 'Yahu Alızlılar, size bu dönem herkesten fazla şu kadar para vereceğim' diyor mu? Şimdiye kadar böyle bir şey söyleyen oldu mu?"

"Mal, satın aldığın yerden para kazanır diye bir laf var," dedi İmam Sefer, "bunun gibi yapıp işçiden de kazanıyorlar."

"Bu dediğine, *kendi ağzıyla tutulmak* denir," dedi Bora öğretmen, "öyleyse bizi ne diye *zemzem kuyusuna işemek*le suçluyor gibisin İmam Sefer? Onlar, nasıl ki keser gibi hep kendilerinden yana yontuyorsa siz de kendinizden yana yontacaksınız."

"Bak öğretmen," dedi Alisefa, "deminden beri seni ve diğerlerini dinledim. Herkes aslında güzel konuştu ama diyelim ki Alızlı'nın çapacıları bu Tarım İşçileri Sendikası'na üye oldu, pancarcıları geri çevirdi, pancarcılar da Alız'dan gitti ve çevremizdeki komşu köylerden, kasabamızdan ve ilçemizden işçi buldular; yani Alızlılardan başka köylüler bu sendikaya üye olmadı diyelim, o zaman bizim kaybımızı kim karşılayacak? Ben bir dönemlik kayıptan değil, bundan sonraki bütün kayıplarımızdan söz ediyorum; bilmem anlatabildim mi demek istediğimi?"

"Ulan bırakın boş boş konuşmayı be, kadın değil mi çapacı dediğinizin çoğu, onların da aklı kısa, saçı uzun."

"Alisefa çok yerinde konuştu," dedi Bora öğretmen "ama Hamit'in söylediklerini duymamış olmayı isterdim doğrusu. İnsan kendi yoldaşını, arkadaşını ve eşini böyle aşağılamaz. Haydi, neyse! Şimdi, ilçenizde şubesi açılan Tarım İşçileri Sendikası durmadan üye kaydediyor ve bir çığ gibi büyüyor. Sadece Alız'da değil çevrenizdeki köylerde; kasabada, ilçede ve ilde mevsimlik tarım işçilerini örgütlüyor. Çünkü yasal. Tarım İşçileri Sendikası, mevsimlik işçilerin de bilinçlenmeleri, haklarını tam almalarını, birlik olmalarını, insana yakışır koşullarda çalışmalarını ve emeklerinin karşılığını istemelerini, çalışma saatlerini düzenlemeyi amaçlayan bir sendika. Sendika mevsimlik işçi çıkaran her köyde karşılık buluyor, bu yüzden hiçbir kaybınız olmayacak, aksine kazanacaklarınız çoğalacak."

"Ne yapalım peki?" diye sordu Alisefa.

"Ne yapmanız gerektiğine siz karar verin, seçim sizin!" diyerek yanıt verdi Bora öğretmen.

"Buradakilerin tamamına yakını sendikadan yana," dedi, Alisefa "ama yine de içimizde bir..."

"İçimizde ağacın kurdu gibi kuşku olmasın," dedi bir genç, "sonuç hepimiz için hayırlı olur, öyle değil mi arkadaşlar?"

"Ulan," dedi Hamit, "hemen heyecanlandınız ha! Gömü mü

buldunuz be! Bu sendikanın elinde sihirli değnek mi var ki her istediğiniz olsun, akılsızlar? Ulan siz Uyuyan Güzel, sendika da prens mi yani? Sendikanın öpücüğü ile yoksulluk uykusundan uyanıp zengin mi olacaksınız? Nerede bu yoğurdun bolluğu, söyler misiniz? Pancarcılar deli mi? Alız gibi ne kadar cıbıl köy varsa birleşeceksiniz, sendikalı olacaksınız, pancarcılara 'biz sendikalıyız, gidin temsilcilerimizle görüşün, sonra tarlaya gidip çalışalım,' diyeceksiniz! Aklınızı başınıza devşirin be! Kulaklarınızı açın ve beni dinleyin *aç tavuk kendini mısır ambarında görürmüş*, bu tam size göre ha! Mevsimlik işçi çıkaran ne kadar köy varsa birleşecekmiş, buna kargalar bile güler. Nasrettin Hoca'nın göle çaldığı yoğurt mayası tutarsa bu da tutar. Bu iş olursa, söz veriyorum bıyıklarımı keseceğim! Bir an için diyelim ki cıbıl köylerin hepsi sendikalı oldu. Hiç pancarcılar gider de işçi için sendikaya boyun büker mi? Ağız eğer mi? Çocuk olmayın, pancarcılar ülkenin öbür ucundan işçi bulup getirir ama siz iş bulamazsınız!"

"Hamit'in niçin böyle konuştuğunu anlamış değilim," dedi Bora öğretmen "ama onun söylediklerini biraz açayım. Bir kere sendika dört dörtlük örgütlendikten sonra sorunlar kuşku yaratmayacak. Bir işverenin başka yerden işçi getirmesi birçok açıdan olanaksız... Neden mi? Pancarcıların yaşadıkları yerlerdeki işçilere gereksinimleri var. Her yerde pancarcılar, yani üreticiler aynı zamanlarda işçilere gereksinim duyacaklarından kendilerini düşünecekler. Bölgesinin işçisini elinde tutmak için gerekirse ücret arttıracak. Her üretici işini bir an önce bitirmek isteyecek. Bu durum bir rekabet oluşturacak. Birbirinden işçi çalmak diyeceğim ben buna, isteyenler bilerek ya da bilmeyerek ücret arttıracak. İşçilerin paylaşılamaması kârlarını azaltacaktır. Oysa bunu göze almaları olanaksızdır. Sonra yurt genelinde hızla örgütlenen bu sendikanın şubeleri göz önünde tutulduğu zaman, başka yerden işçi getirmek fikri olsa olsa geri tepen bir silah olur."

"Bunda senin çıkarın ne Bora öğretmen?" dedi Hamit.

"Ne demek istiyorsun sen?" diye çıkıştı Bora öğretmen.

"Mutlaka bir çıkarın olmalı," dedi ısrarla Hamit, "yoksa bu kadar ısrarcı olmazdın, değil mi? Onlar da konuştular ama senin kadar zorlayıcı olmadılar. Gittiler ama sen sendikacılardan daha ateşli ve istekli biçimde bizi etkilemeye çalışıyorsun. Bir menfaatin olmasa niye böyle yapasın, haksız mıyım köylülerim."

"Emeğe olan saygımdan dolayı..."

Bırak bunu öğretmen," diyerek sözünü kesti hiddetle. "öğretmen misin yoksa sendikacı mı? Onlar burada oldukları sürece senin kadar ateşli ve ısrarcı konuşmadılar. Sözlerini kısa kesip gittiler ama sen maşallah yani..."

"Nasıl konuşuyorsun Hamit, tanımıyor musun beni?"

"Seni çok iyi tanıyorum," dedi bağırarak "ama Alızlılar tanımıyor seni, tanısınlar istiyorum aslında ama..."

"Bence sen..."

"Gerçek olmayan maskeni düşürüyorum."

"Bu kadarı da fazla ama!"

İkisinin arasına muhtar girdi.

"N' oluyor sana Hamit, git kahvehaneden!"

"Ama muhtar!"

"Git dedim sana! Bora öğretmen sen de kapat bu konuyu!"

Vakit geç olmuştu. Alızlılar birer ikişer çıktılar kahvehaneden. Yolda sendikayı konuştular evlerine gidene kadar. Kahvehanede; muhtar, Bora öğretmen ve Alisefa ile birkaç genç kalmıştı. Kahveci onlara çay verdi, sonra da sobaya odun ve kömür koydu.

***

"Kız anam," dedi muhtarın karısı Cevahir, "size yakışmıyor bu laflar!"

Çeşmede sıra bekleyen genç kızlardan birisi atıldı: "Niçin yakışmıyormuş Cevahir abla?"

"Aklınızı başınıza toplayın, düşünün," dedi Cevahir, "siz çalışmazsanız, kim size para verir? Elin adamı işçi mi bulamaz, aklınıza yanın e mi. Ekmeğinizle oynamayın, ele uymayın!"

"Cevahir abla," dedi Alisefa'nın karısı, "hadi diyelim ki haklısın ama pancarcılar, çok affedersin ya, işememize bile izin vermiyorlar ki, hep çalışalım istiyorlar, kendilerini düşünüyorlar. Peki biz niçin kendimizi düşünmeyelim?"

"Bu kadar olsa yeter eziyetleri canım," dedi yaşlı bir kadın, "akşama kadar iki büklüm soluk aldırmadan çalıştırıyorlar bizi, yazık günah değil mi bize söylesene?"

"Kadın anam," dedi Cevahir, "imama kızıp abdest bozmayın. Elin ipiyle kuyuya inilmez, elin ipine güven olmaz, hep bilirsiniz bunları, değil mi? Sendikacılar kendi çıkarlarını düşünmese köy köy dolaşıp üye yazarlar mı? Erkekler bilir diye diye kendimizi eksik görmüşüz, saçımız uzun fakat aklımız kısa değil, aklımız erer her şeye, azıcık düşünün bir kere, onlar kendilerini düşünüyorlar. Bakın bir deli bir kuyuya bir taş atar, kırk akıllı çıkaramaz hesabı sizin sendika sevdanız anlıyor musunuz beni? Oturun oturduğunuz yerde. Bora öğretmen bindiğiniz dalı kesmenizi istiyor sizden..."

"Cevahir abla," dedi genç bir gelin, "niçin böyle söylüyorsun, onun günahını alıyorsun. Yazık. O sadece bizi düşünüyor. Biz soruyoruz o cevap veriyor, o kadar."

"Kız kaltak!" dedi, Hamit'in karısı, "Ananı tanımasam, elimde büyümemiş olsan, kötü düşüneceğim senin için ha, biliyor musun? Askerdeki kocanın yerine koynuna aldığını sanacağım ha! Ona avukatlık yapmak sana mı düşer? Sendika, anarşistlerin bizim gibi saf insanlara taktığı görünmez bir yularmış, diyorlar. Boynuna geçti mi ondan bir daha kurtulamazmışsın, duydun mu bunu? Köylük yerde sendika mı olurmuş."

"Yazık... yazık..." dedi genç gelin. Boş kovalarla çeşmeden uzaklaştı.

"Ben Sultan'sam," dedi uzun boylu kadın, "sendikacılar geldiği zaman ilk ben yazılacağım, duyun e mi! Başkasına ne olacaksa bana da o olsun!"

"Kız Sultan," dedi Cevahir, "bu çalımın kime senin? Ben muhtarın karısıysam unutmam bunu! Şimdiye kadar sendikanın mı, pancarcıların mı ekmeği ile karnını doyurdun söyle hele; söyle?"

"Yoksulun sahibiymiş ama!" dedi bir başka kadın.

"Kadın anam delirmeyin!" dedi Cevahir.

"Bora öğretmenin," dedi Hamit'in karısı, "Alızlıları birbirine düşürmek için bir fitnesi bu sendika!"

"Bu kuyruklu bir yalan tamam mı!" dedi bir başka kız.

"Sus kız," dedi Cevahir onun üstüne yürüyerek, "hepinizin içine şeytan girmiş, şeytan!"

"Sendikaya yazılacağız, hakkımızı alacağız!" dedi çeşmeye yeni gelen sarışın kız.

"Cevahir dediydi, dersiniz," dedi Cevahir, "ama... aha çizdim şuraya, bok alırsınız, bok!"

***

İlçeye maaş almaya gittiğinde Bora öğretmen önce alışveriş yapardı. Sonra annesiyle konuşmak için postaneye gidip ona telefon ederdi. Aynı iş hanında ve yan yana olan *Topluma Farklı Bakış* adlı yerel gazetenin sahipleri ve sendika çalışanlarıyla minibüsün köye döneceği kalkış saatine beş on dakika kalana dek sohbet ederdi. Ismarladığı kitapları da alıp köye dönerdi. Böyle günlerin birinde sendikalılarla konuşurlarken köylülerin ikilem içinde olduğunu ve azımsanmayacak bir sayıda da isteklilerin olduğunu, bir daha köye uğramalarının işe yarayabileceğini söylemişti.

Onlar da birkaç gün sonra Alız'a uğradılar.

Sendikanın sözcülerinden olan minyon tipli, zayıf ve mavi gözlü genç kadın; meraklı ve istekli biçimde kendisini dinleyen Alızlılara şöyle bir baktıktan sonra, tane tane ve yumuşak bir sesle söze başladı: "Sizin sendikamıza olan ilginizi biliyoruz. Üstelik de çoğu köyde gördüğümüz ve tanığı olduğumuz gibi çok kararlısınız, inançlısınız ve bize inanıyorsunuz! Onların çıkarına olan ve bugüne kadar alıştırdığınız çalışma koşullarını, ücret olarak aldığınızı beğenmediğinizi de biliyoruz!

Tarım İşçileri Sendikası'nın ilçemizde de etkinlik göstermesi, örgütlenmesi gerektiğini düşünmemizin birçok nedeni var. Bunların başında, çalışma koşullarının zorluğu, gelenekçi bir anlayışa ve angaryaya dayandığı gerçeği geliyor. Sizin gibi kararlıydık, inançlıydık. Size güveniyorduk. Bizi yalnız bırakmayacağınızı, bizimle yola çıkacağınızı düşünüyor, biliyorduk. İşte yanılmadığımızı gösterdiniz! Bu yüzden buradayız. Birlikte olursak üstesinden gelemeyeceğimiz hiç bir sorun olmayacak! Haklarınızı savunmanızın, insanca koşullarda çalışmanızın zamanı şimdi! Kısa bir zamanda, durgun suya atılan bir taş gibi dalga dalga büyüdük! Çabamızın karşılığını aldık! Sizinle aynı kaygıları taşıyanlar, sorularınızı bize bildirdi. Sorularınızı yanıtladık. Yüz yüze de yanıtlamak için buradayız!

"Şimdi, nasıl ki üreticilerin birlikleri, sendikaları ve odaları varsa, aynı biçimde bizim de birliklerimiz, sendikalarımız olmalı. Çünkü *birlikten kuvvet doğar*! Kendi çıkarlarını en üst düzeyde savunmaya kararlı olan üreticiler gibi kararlı olmalıyız!

Başarılı olmak örgütlü olmaktan geçer.

Hakkımızda söylenenlere inanmayın! Düşünün niçin savcılıklara etkinliklerimizle ilgili şikâyetlerde bulunmuyorlar da, sizi kandırmaya çalışıyorlar? Çünkü sendikamızın hiçbir yasal engeli yok! Bunu iyi biliyorlar. Gölün buz tutması kolay olmuyor. Yani bizim sendikamız çok önceden onların resmi yerlere yaptıkları şikâyetleri, engellemeleri aşarak karşınıza çıktı, inanın! Onların en çok güvendikleri mahkemeleri kazandık, haklarımızı savunduk ve bugüne geldik. Bu söylediğim gibi kolay olmadı tabii. Tutundukları dallar bir bir kırıldıkça, çareleri tükendikçe yeni çareler aradılar ve şimdi de sizi kandırmaya çalışıyorlar. Memleket, millet, sermaye edebiyatına sarılıyorlar buna hepimizin karnı tok. Çünkü biz daha çok seviyoruz demek istemiyorum ama onlardan aşağı kalmaz ülkemize, emeğimize ve insanlık onurumuza olan sevgimiz! Yasal bir sendika olduğumuz hâlde niçin sizi bizden uzak tutmaya çalışıyorlar biliyor musunuz? Çünkü sizi eskisi gibi sömüremeyecekler! Gün doğumundan günbatımına kadar uygun gördükleri ücretle, uygun gördükleri koşullarda çalıştıramayacaklar! Çünkü sekiz saat çalışacaksınız ve emeğinizin karşılığını alacaksınız! Her işçi grubunun bir temsilcisi olacak ve bu temsilciler, bizim işyerlerindeki gözcülerimiz olacak, köle gibi ezilmeyeceksiniz. Sendikalı olursanız her çalışma döneminde sizin adınıza bütün isteklerinizi öne sürecek haklarınızı en üst düzeyde savunacağız, bu işlerine gelir mi? Onlara inanmayın, sendikaya katılın!"

Sultan söz aldı: "Çok güzel konuşuyorsun," dedi, "ağzından bal damlıyor! Ama sendikalı olursak köleden beter oturmuşuz! Siz anarşistmişsiniz! Ülkemizin, milletimizin ve düzenimizin düşmanlarıymışsınız! Sendika görünmez bir yularmış aslında. Boynumuza bir kere geçirdiniz mi istediğiniz yere çekermişsiniz bizi, kurtulamazmışız sizden ve sendika denen yulardan... Ne bileyim bir sürü şey söyleniyor..."

Sözcü genç kadın gözlerini Sultan'a çevirdi. Kararlıydı: "Bir kere şunu bilmenizi istiyoruz ki," dedi, "bunların hepsi yalan! Olur mu hiç öyle şey? Biz anarşist değiliz. Sendikamızda söylendiği gibi 'yular' değil."

Genç bir kız, konuşmacının su içmesinden yararlanarak ayağa kalktı ve heyecanlı bir biçimde: "Biz sendikalı olduktan sonra, kazancımızın yarısından çoğunu aidat olarak alacakmışsınız. Bu doğruysa, yine bir şey kazanamayacağız; sendikanın köleleri olacağız. Sonra çalışmadığımız aylarda da bu aidat alınacakmış! Herkes sendikalı olamayacağına göre üreticiler, bunları çalışmaya götürür değil mi, biz o zaman ne yaparız işsiz?" diyerek sordu ve yerine oturdu.

Konuşmacı ayağa kalktı tekrar: "Onlar *çamur at izi kalır* düşüncesinden yola çıkıyor, söylediğim gibi bizim ve sendikamız hakkında söylenenler hiç mi hiç doğru değil! Bir kere öncelikle ekonomik haklarımızı savunmak için sizinle varız! Aidat sorununa gelince... Sendikamızın da giderleri olacak, bunları karşılamak için elbette ki bir gelirimizin olması gerekiyor. Bu yalnızca sizlerden alacağımız daha doğrusu sizin ödeyebileceğiniz cüzi bir ödentiden ibaret unutmayın! Yani bütün kazancınızı almayacağız ve sizi köle yapmayacağız! Sömürüye, köleliğe, angaryaya karşı olan sendikamızın, bizlerin asla söylendiği gibi amacı yoktur!

"Ve herkes kendisinin efendisi olacak, başkasının kölesi olmayacak! Şimdi diğer konuya geçmek istiyorum izninizle... Mevsimlik İşçilerin bulunduğu köylerdeki kayıtlarımızdan söylüyorum bunu, her köyde sendikalı olmayanların sayıları bir elin parmak sayısını geçmiyor, inanın! Sendikalı olmayacakların sayısını sizin köyde daha çok düşünerek söylüyorum bunu, bütün sendikasız mevsimlik İşçilerin toplamı bir üreticinin gereksinim duyduğu ırgatı oluşturmuyor. Yani üreticiler sizlere gereksinim duymak, sizi çalıştırmak zorunda. Onca zararı göze alamazlar!" dedi.

Orta yaşlı bir kadın: "Ya başka yerlerden ırgat getirirlerse hanım kızım," dedi," emeğini tarlada bırakmayacaklarına göre?"

"Bir kere," dedi sendika sözcüsü genç kadın, "sendikamız ilçemizde, ilimizde, bölgemizde değil bütün ülkemiz genelinde etkinlik gösteriyor, örgütlü. Sonra, il ya da bölge dışından işçi getirmek çok kârsız ve hemen hemen olanaksızdır, çünkü getirilmesi düşünülen işçiler de yine aynı ücreti talep edecektir ve ayrıca işçiyi getir götür masrafı olacaktır, onları barındırmak, onlara yemek vermek de hiçbir pancarcının işine gelmez.

Hiç bunları göze alabilirler mi?"

Sendikacılar, Alız'a gelip böyle toplantılar yaptı. Daha sonra ev toplantılarına ağırlık verdi. Mevsimlik işlerde en çok çalışan kadınlar, kızlar, gelinler açıklamalardan etkilendiler ve sendikalı oldular. Ev toplantılarından sonuç aldılar.

Diğer köylerde olduğu gibi Alız'da da sendika karşıtları, sendikalı olanlardan Bora öğretmeni, *Topluma Farklı Bakış*'ın sahipleri Zeki ile Ferit'i sorumlu tuttular. Çünkü her üçü de emekten ve yaşamı güzelleştirmekten yana görünüp 'memleket, millet ye sermaye düşmanlığı' yapıyordu. Bu yüzden *Tarım İşçileri Sendikası*'nın bölgede şubeler açmasına, köylerde faaliyet göstermesine, üye kazanmasına zemin hazırlamış ve böylece sermaye karşıtı olduklarını bir kere daha göstermişlerdi.

Sendika karşıtları, Bora öğretmeni; sendikanın gizli bir üyesi olarak görüyorlardı. Bu yüzden en çok da onun üzerine gidiyorlardı. Onun hakkında sürekli yeni bir şey uyduruyorlardı.

2

Bir kıskacın içindeydi sanki. Hani kendini tanımasa, tansiyonunun yükseldiğini düşünecekti ama böyle bir şeyi yok, iyi biliyordu. Yine de anlamsız baş ağrısı için kendi başına eczaneden bir ağrı kesici almayı doğru bulmuyordu. Belki de az önce konuştuğu annesinin telefondaki sesiydi Bora'yı böyle tuhaf yapan.

Bu yüzden kendini dinliyor, 'bu da bende bir ağırlık yaratmış olabilir' diye düşünüyordu. Annesinin telefondaki sesi kulaklarındaydı hâlâ: "Benim güzel oğlum, yalnızlık denizi boğuyordur seni. Biliyorum yüzmeyi bildiğini anımsatacaksın bana ama sormadan edemiyorum sana. Nasılsın? Ne yapmaktasın bir başına? Hazıra alışmış olan güzel evladım, tek başına yaşamak zor değil mi?

Biliyorum gülmektesin şimdi ama bir kadının yanında olmayan bir erkeğin, bir yanı öksüzdür be oğlum, gerçekten! Senden yana kötü rüyalar görüyorum. Kendine iyi bak e mi. Haber gönder sık sık! Babanla ben iki işçi emeklisiyiz, diğerlerini yuvadan uçurduk ama bu kadar yanmadık, sen sanki biricik oğlumuzmuşsun gibi koyuyor bize yokluğun, anlıyor musun? Beş parçaya bölünen yüreğimizin göçmen olan parçası sensin! Yanımızdaki dört parçanın adını serçe kuşu senin adını da albatros koyduk. Baban bu kuşu seviyor, ben de seviyorum! Albatrosu düşündükçe kederleniyorum. Ne bileyim işte, içim yandı. Kendimi tutamadım, ağladım. Bana 'bu kadar sulu gözlü olma' deme, atalığın, analığın ne demek olduğunu ata olduğunda bilebilirsin, şirin ukalâ oğlum. Hep uçan bir kuş... Bu uçmak senin için ne anlam taşıyor bilmiyorum ama işin garibi seninle ilgili rüyalarımda da durmadan uçuyorsun. 'İnsan uçar mı' deme, rüyada uçuyor işte. Gülme oğlum gülme bana!

"Eylül ayı ile birlikte aramızdan ayrılmıyor musun, o an yüreğim burkuluyor, içim kavruluyor, gözlerim doluyor. Ama gözyaşlarımı içimde gölleştiriyorum, önüne dökmüyorum. Yaprakların sararıp döküldüğünü gördükçe içim parçalanıyor. Eylülde seni yolcu edişimi yaprak dökümüne benzetiyorum; acı, garip ama gerçek böyle ne yazık ki. Her yaz başladığında aramıza katılman yüreğimi şenlendiriyor. Senin gidişinle birlikte *Uyuyan Güzel*'e dönüyorum, sen dönünce de bu hâlimden uyandırıyorsun beni, yaşama sevinci doluyoruz. Bu hep yineleniyor benim açımdan. Her gelişinde biraz daha değişiyorsun. Büyüyorsun. Değişim mutlak ve kabul ama ben Bora'nın büyüdüğünü yanımda görmek istiyorum. Çok mu şey istiyorum oğlum? Neyse sen annene aldırma güzel evladım, konuşuyorum işte. Karşımda sen olunca susmasını beceremiyorum böyle, ne çok hasretmişim seninle uzun uzun konuşmaya...

"Baban iyidir. Bildiğin bel ağrılarını saymazsak eğer. Çoğu insan gibi yaşıyoruz işte. Kardeşlerin çoluk çocuğa karıştı ama bir sen... Kardeşlerin çalışıp duruyorlar. Geçim denen bin kollu ve görünmez pehlivanla güreşmek her gün saatlerce. Kolay mı oğlum? Ne olurdu senin de bir eşin bir yuvan olsaydı da... Niçin sözümü kesiyorsun oğlum, yanlış mı söylüyorum ki? Köylük yerde sen nasıl bekârlığın tadını çıkarırsın, bırak bu beylik lafları. Başkaları için çabalamaktan yorulmadın mı daha, bıkmadın mı? Güzel oğlum, gelenekleriyle, töreleriyle mayalanmış insanların zamansız kabuğunu kırmaya çalışmak bence doğru değil. Ukalalık yaptığımı sanma ama yumurtayı civcive dönüştürecek koşullar yoksa, yumurta civciv olur mu? Yüreğim senden yana dertli. Sendikacılardan, gazeteci arkadaşlarından biraz uzak dur. Gurbette olduğunu unutma. Kırıcı sözlerimi unut ama bizi unutma, seni öpüyorum."

Yürüdü. Canı sıkkındı. Biraz dalgındı üstelik. Birden birisinin önünde durduğunu, koluna yapıştığını fark etti. Şaşırdı, heyecanlandı. Canı yanıyordu. Bakıyordu. İlçe hastanesine, alınan kasaba doktoruyla göz göze geldi. Orta boylu, etine dolgun ve sarışındı. Bir gözü diğerinden biraz büyüktü. Çok sinirliydi. Tepeden bakıyordu. Yanında kara yağız, iri yarı bir adam duruyordu. Gözlerini Bora'dan ayırmıyordu.

"Bu yüzü hiç unutma sakın," dedi yanındaki adama, "Çünkü ben hiç mi hiç unutmayacağım! Bora öğretmen bu işte!"

Caddeden geçenler onlara bakıyordu. Kavga edeceklerini sanıyordu bazıları. Doktorun alev alev gözlerinden gözlerini, kerpeten gibi elinden, kolunu kurtarıp uzaklaştı hemen. Bağıra bağıra söyleniyordu. Dönüp bakmadı Bora. Yanıt vermedi. Boğazı kuruyor, terliyor, elleri titriyordu. Sakinleşmek için bir kahvehaneye girdi. Bir köşedeki masaya bir sandalye çekti, müşterilere bakmadan oturdu, gözlerini yumdu. Doktoru, söylediklerini unutmak istiyordu. Garson çay getirdi, bıraktı masaya. Gözlerini açtı. Anlamsızca baktı bardaktaki sıcak çaya. Birkaç müşteriyle göz göze geldi. Hastaymış gibi tuhaf tuhaf bakıyorlardı ona. Masaya dirseklerini dayadı. Yüzünü avuçladı. Gözlerini yumdu tekrar, sanki uykuluydu.

Bir ağırlık çöktü üstüne.

Sonra sessizlik oldu birdenbire...

Kahvehane ışıl ışıl, Bora'dan başka kimse yok. Şaşıyor. Çay ocağı yerinde yüksek bir bölüm var. Burada kocaman deri bir koltukta oturuyor. Kahvehane mahkeme salonuna dönüşmüş. Yanındaki diğer koltuklar boş. Salona bakıyor, tanık bölümünde yaşlı bir adam görüyor. Gözlerini ondan ayırmıyor, iki büklüm duruyor: "Kasabadanım hâkim bey," diyor, "hani doktor hakkında o kadar çok konuşuyorlardı ki, ne yalan söyleyeyim duyduklarıma inanmıyordum. İftira diye düşünüyordum. Doktoru iftiralara karşı savunanlardan birisiydim. Gerçi kasabada pek seveni yoktu ama benim gibi yaşlılar belki de ona olan ihtiyacımızdan dolayı, hani sık sık hastalanıyoruz ya onu seviyordu. Allah var, kasabalılar da bizim sözümüzü dinliyorlar yaşlıyız, ölüme daha yakınız diye. 'Gariptir, ekmeği ile oynamayın! Elin ağzı torba değil ki büzesiniz, herkes bir şey ekliyor duyduğuna,' böyle böyle doktorun adı çıkıyor dokuza, inmiyor sekize. 'Vazgeçin bundan. Bu doktor giderse, kasabamızın adı çıkar ve başka doktor da gelmez, siz de söylediklerinizle kalırsınız,' dedim. Yalnız ben değildim onu savunan, söylediğim gibi birçok yaşlı daha benim söylediğim gibi savundu doktoru. Ateş olmayan yerden duman tütmezmiş, nerden bilirdim bunu. Birazdan anlatacağım olaya şahit olduktan sonra, onun için söylediklerimden utandım. Öyle utandım ki yer yarılsaydı, kendimi içine atardım, inanın.

Adam okumuş, doktor olmuş, kültürlü, görgülü diyorsun, kemlik yapmaz, yalan söylentiler diye savunuyorsun, amma sonunda pişman oluyorsun. Ben öyle oldum işte. Niçin mi peki?

"Bir kış günü kahvehanedeyiz. Kahvehane müşteriyle doluydu. Öyle sıradan müşteri de değil bunlar. Öğretmenler, sağlıkçılar, bankacılar, postacılar, tarım krediciler, belediyeciler... Hangi birini söyleyeyim hâkim bey, kasabanın ileri gelenleri, memurları bu kahvehanedeydi. Bizim doktor çay ocağına yakın bir yerde bir öğretmenle tavla oynuyordu. Seyirciler arasında ben de vardım. Sohbet güzel ve çay da sıcaktı. Soba da öyle... Keyifler yerinde. İnanın bunca yıl yaşamış, gün-görmüş birisiyim ama o ana kadar öylesini ne duydum, ne de gördüm! Doktor, zarı şöyle bir eline aldı, atacak gibi yaptı, atmadı; eli havada kaldı. Rakibinin gözlerine baktı ve birdenbire:

" 'Geçenlerde Elmalı'dan yaşlı bir kadın gelinini muayene için getirmişti. Gelin güzel mi güzel. Alımlı mı alımlıydı. Bir içim su mübarek! Yaşlı kadını dışarı çıkardım. Kapıda beklemesini söyledim. Kapıyı da ne olur ne olmaz diye kilitledim. Geline hafif bir iğne yaptım. Kendinden geçince de... Anlarsınız ya canım... Üstünü giydirdim. Yaşlı kadını içeri aldım. 'İğne yaptım, birazdan uyanır merak etmeyin bir şeyi yok,' dedim. 'Benim iğnem de hasta iyileştiriyor canım.' dedi.

"Benden bir ter boşandı ki sormayın. Dünya başıma yıkıldı. Tamam, bazıları içkiyi kaldıramaz. Ben bu yaşıma geldim hiç tecrübe etmedim. Çocukluğumuzdan beri 'haram' bildik. Orda burda, düğünlerde, kahvehanelerde de gizli açık içiliyor, biliyoruz. Kimi su içmiş gibi davranır, kimi de yerlerde sürünür. Kendine gelince yaptığını, dediğini hatırlamaz. Ne bileyim insan kısım kısım olunca... Neyse... Hâlinden hiç mi hiç içkili olduğunu söylemiş ya, o gün öyle değildi. Yemini kasem ederim ki...

"İlköğretim okulu müdürü atıldı:

" 'Bu bir şaka mı doktor bey?' dedi.

" 'Ne şakası be,' dedi, 'siz olsaydınız o işi zorla yapardınız.'

Oyun arkadaşı olan öğretmen de: "'Hâlen ciddi ciddi şaka yapıp durma,' dedi, 'gazetelerde bile yer alan böyle haberlere inanamıyoruz, Hipokrat yemini, etmiş bir insanın bu kadar ahlâksız olacağını düşünmüyoruz. Bırak bu şakayı, nerden çıktı şimdi bu.'

" 'Bu bir şaka desem,' dedi doktor, 'her şey unutulacak öyle mi. Cid-

di ciddi yaptım ve nefsimi körelttim işte!'

"Seyircilerin çoğu öğretmendi. İnceden birisi ayağa kalktı.

" 'Eşlerimizi, çocuklarımızı, gelinlik kızlarımızı muayene edesin diye gönderiyoruz, getiriyoruz,' dedi, 'Bu nasıl söz, nasıl bir anlayış böyle? Şaka da olsa, içinden geçirdiğin saçmalıklar da olsa öyle uluorta söyleyemezsin arkadaş!'

" 'Bağırma hocam, dedi doktor,' şöyle kendi aramızda konuşuyoruz. Sizinkilere olur mu böyle şey. Kendine gel ya.'

"Ben dilimi yuttum sanki. Bir şey diyemedim. Doktora bakamadım. Öylece kalakaldım. Keşke ölseydim. Kimdi bilmiyorum: " 'Kasabamızdan gitmek için,' dedi, 'seni şikâyet edelim diye söylüyorsun bunu, değil mi doktor bey?'

" 'Hayır,' dedi doktor, 'siz nasıl düşünürseniz düşünün ama nasıl oldu bilmiyorum, o gelinle birlikte olmayı düşündüm ve oldum.'

" 'Bundan sonra da olur bu iş, öyle mi?' diye sordu müdür.

" 'Olabilir,' dedi doktor.

"Doktorla tavla oynayan öğretmen aniden ayağa kalktı ve 'başkasına hiç utanıp sıkılmadan 'kendine gel ya 'diyene bak hele; özrü kabahatinden büyük bunun,' diyerek ona öyle bir yumruk attı ki görmeliydiniz. Ortalık birdenbire karıştı. Karakol komutanı birkaç kişiyle doktoru kahvehaneden götürdü. Herkesin morali çok bozuktu o akşam. Onu dövmek isteyenler oldu. Kasabadan kovmak isteyenler de...

"Sonra çok içkili olduğunu, ne söylediğini anımsamadığını söyledi ve anlattığını inkâr etti. Zamanla çatlakları kapandı toprağın ve unutuldu bu olay. Ya da unutulmuş gibi yapıldı, bilemem."

Yaşlı adam gidiyor, yerine uzun boylu, bıyıklı bir genç geçiyor ve doktoru anlatmaya başlıyor:

"Doktor, kasabada giderek yalnız kaldı. İçkili olduğuna, bu yüzden ne söylediğini bilmediğine pek inanılmadı. Çünkü içki içtiği ne duyulmuş ne de görülmüştü o olaya kadar. Kendi kabuğunda yaşadı bir süre. Evinden sağlık ocağına, ocaktan da evine gitti, geldi. Kahvehanelere pek çıkmadı. Ama bir gün hiçbir şey olmamış gibi oldu. Doktordan kimsenin beklemediği bir davranış herkesi şaşırttı. Doktor büyük camisinin yanındaki dükkânlardan birini kiraladı. Muayenehane açtı. İlânlar dağıttırdı. İki ay boyunca kimseden para almadı. Hatta ilâç

bile verdi hastalara. Köylerden gelenlere ilgi gösterdi. Kısa bir zamanda çevre edindi. Kahvehanedeki olayı unutturmayı başardı desem, yeridir. Doktor öyle değişti ki sormayın. Bütün zamanını camide geçiriyordu. Dini kitaplar okuyordu. Artık takkesiz takunyasız dolaşmıyordu. Abarttığımı düşünmeyin sakın ama sürekli namaz kılmaktan alnında leke bile oluştu. Bu arada doktorla ilgili söylentilerin de boyutu değişiyordu. Kimine göre hidayete ermiş, kimine göre vicdanı yola getirmiş... Her neyse işte... Çok garip ama, en çok da onun hakkında konuşanlar, onunla içli dışlı oldu. Bazen namaz kıldırıyor, bazen hutbe yerinden cemaate açıklamalar yapıyordu. Şimdi Allah var, ağzı iyi laf yapıyor, güzel konuşuyordu, gerçekten öyle. Kasabanın gençlerine dini konularda gizli gizli dersler bile veriyordu. Onun hakkında konuşanlar, kasabadan gitmesini isteyenler, ondan özür bile dilediler.

"Doktorun anlattığı olay, herkesçe bir rüya gibiydi. Kasabalılar, imanlı ve âlim bir doktora sahip olmaktan başka bir şey konuşmuyordu.

"Ama bunların hepsi de görüntüyü kurtarmaya yönelikmiş nereden bilebilirdik ki..."

Tanık yerindeki konuşmacı yine değişiyor, bu defa genç ve güzel bir kadın başlıyor konuşmaya:

"Görünüşüne aldanmayın onun," diyor, "Ne pisliktir o! Başkasına karşı içtendir, sevecendir. Ama eve gelince bu maskesini çıkarır, çirkin ve saldırgan yüzü ortaya çıkar. Doktorların yüz karasıdır. Zekidir ama zekâsını nedense anlatıla gelen pis işlerde kullanır, nedenini bilemiyorum. Kendisine sorun bunu. Yanıt verebilir mi, bilemiyorum. Neyse, yapmadığını bırakmaz bana, küçücük oğluna. Tam bir psikopattır. Bir kadın kocası için böyle konuşur mu, diye düşünmeyin sakın. Onu benden başkası tanıyamaz çünkü. Evlendiğimizin ertesi günü gerçek yüzünü gösterdi. Hep düzelir diye sabrettim. Ama yanılmışım. Yaptığı her yanlışı bildiğim hâlde bunların üstünü örtmeye çalıştığım için artık kendimden bile nefret ediyorum. Kime kötülük yapmışsa, onlara ben kötülük yapmışım gibi suçluluk duyuyorum. Bin bir yüzü var onun. Bu yüzlerini kullanır. Durmadan hata yapar ve hiçbirinden ders çıkarmaz. Evliliğimizi, onu kurtarırım sanmıştım ama yanılmışım işte. Artık dayanacak gücüm kalmadı. Her geçen gün başkalaşıyor...

"Oturduğumuz lojmanın bir alt katında oturan dul ebeye gittim. 'Kocamla olan ilişkini herkes gibi ben de biliyorum, bundan vazgeç,' dedim. Kocamı evine almamasını istedim. Ebe yüzüme bakamadı. Hüngür hüngür ağladı. Neredeyse ayaklarıma kapanacaktı. Yalvardı. Kendisini kocamdan kurtarmasını istedi. Ne söylemeye çalıştığını anlayamadım önce. Sonunda sakinleşti, oturdu yanıma ve başından itibaren bir bir anlattı.

" 'Böyle olsun istemedim. Allah şahidim benim, inan. Bir gece kapıma geldi. İçkili olduğu konuşmalarından belliydi. Senin evde olduğunu, eve çıkmasını söyledim. Yalvardı, yakardı. Çok içkiliyim yukarı çıkamıyorum, bana yardım et, dedi. Ona inandım ve kapıyı açtım. Birdenbire beni içeriye itti. Kapıyı sürgüledi. 'Sen', dedi; 'bugüne kadar beni içkili gördün mü, içki içtiğimi kimseden duydun mu? Ama özel bir nedenden dolayı ilçede içtim. Bu hâlimle karımın karşısına nasıl çıkarım? Hiç olmazsa bana acı bir kahve yap, içeyim de biraz olsun ayılayım, eve öyle gideyim. Korkma. Benden sana kötülük gelmez, tamam mı?' dedi. Ben de ona inandım ve mutfağa gittim. Kahve suyu kaynatmaya başladım. Kocanı arkamda gördüm. Çırılçıplaktı. Ona bakmamaya çalışıyordum. Belki bağırabilirdim ama nedense yapamadım işte. Durmadan cinsel organıyla oynuyordu. Onunla ilgili garip şeyler söylüyordu. Ve birden bire saçlarımı avuçladı ve beni yatağıma sürükledi. Bir hayvan gibiydi. Sonrasını biliyorsun ama en korkuncunu bilmiyorsun,' dedi. Söylemesini istedim.

"Elleriyle gözlerini kapadı. İlçeye gidiyor kocam, bir arkadaşıyla içiyor. Gecenin geç vaktinde kasabaya geliyorlar. Ebenin dairesinin bir yedek anahtarı varmış kendisinde. Bununla ebenin dairesine giriyor. Uyandırıyor onu. Doktor arkadaşıyla sevişmesini söylüyor. Ebe yalvarıyor. Ağlıyor ama hiç mi hiç dinlemiyor onu. Ne mi yapıyor? Onları sevişirken, daha doğrusu arkadaşı ebeye tecavüz ederken o da bir köşeden seyrediyor.

"Bu olayı anlattım. Aniden yerinden kalktı ve dışarı çıktı. Nereye gideceğini biliyordum. Ertesi gün ebenin dayak yediğini anladım. Yalvardım, ebeyi rahat bırakmasını istedim. Tayinini engellememesini söyledim. Olmadı. Sonunda yararı olur diye kasabalı kadınlara bu ilişkiyi biraz biraz anlattım. Ama kasabalı, imanlı ve âlim doktoru yoldan

çıkarmak için bu ilişkinin şeytanın işi olduğunu, bu yüzden de ebenin kasabadan gitmesi gerektiğini konuştu durdu. Kısa bir zaman sonra ebenin tayini çıktı ve ebe sevine sevine gitti. Adının çıkmış olması hiç de önemli değildi çünkü o kocam olacak deliden kurtulduğuna çok seviniyordu."

Bora öğretmen, doktorun karısının sesini duymuyor bir daha. Tanık köşesine bakıyor, karşısında Deli Fadik'i görüyor. Fadik, gözlerini ona dikiyor, dobra dobra konuşuyor:

"Nasıl bilebilirdim ki, niyetini," diyor. "Karısını hiç görmedim çünkü. Birkaç kere hastalandığımda kasabaya gitmiştim. Görünüşüme, giysilerime, ayaklarımın çamuruna aldırmadan beni muayene etmişti. Benimle ilgilenmişti. Avcıymış. Tavşan avına çıktığı günlerde kulübeme uğrar, hatrımı sorar, vitamin, ağrı kesici haplar bırakıp giderdi. Bazen Bora öğretmen gibi sebze meyve de getirirdi. Kanım kaynamıştı ona. Ne bileyim, efendi birisine benziyordu. Avlanmaya çıktığı bir gün yine kulübeme geldi. 'Karım seni merak ediyor,' dedi. 'Bu yüzden onu bu akşam buraya getireceğim, senden bizi yalnız bırak dersem de, bizi yalnız bırakır mısın?' diye de sordu. Hiç düşünmeden 'olur,' dedim. O güne kadar kimse beni ziyaret etmediği için içim içime sığmadı. Dünya benim oldu. Kulübemi çiçek gibi yaptım. Bardakları, çaydanlığı yıkadım. Çay suyu koydum. Heyecanla misafirlerimi bekledim. Karanlık olunca geldiler. Hemen kapıyı açtım. Yüreğim ağzıma geldi. Hem şaşırdım hem de bir tuhaf oldum. Çıtı pıtı bir genç kız vardı doktorun yanında. Güzeldi, inceydi ve doktorun karısı olamayacak kadar da gençti. Daracık kulübede birbirimize çarpıyorduk, elim ayağıma dolaşıyordu. Kız ikide bir bana bir şey diyecek gibi oluyor ama doktor onu engelliyordu. Bu gözümden kaçmamıştı. Kızın gözlerine bakamıyordum. Ona bir şey diyemiyordum. Doktor durmadan konuşuyordu. Daha çok gevezelik ediyordu. Hele bir ara dışarı çıkmamı işaret edince, başımdan aşağı kaynar su dökülmüş gibi oldum, kendime geldim birdenbire. Aklımı başıma aldım. Heyecanımı yendim. Düşünmeye başladım hızlı hızlı. Misafirlik böyle olmazdı. Beni merak eden insan böyle gelin gibi süzülmez ve de bir şeylerden korkuyormuş gibi gözleriyle benden yardım istediğini belirtmezdi. Arpacı kumrusu gibi de düşünmezdi. Ne bileyim işte, birçok şey birden düşündüm bir anda.

Doktor, 'Fadik bizi yalnız bırak biraz,' dedi. Duymamışım gibi davrandım. Birkaç kez yineledi bunu. Ne oldu, nasıl oldu bilmiyorum ama doktorun getirdiği kız aniden ayağa kalktı ve bana sarıldı. 'Kulübeden gitmeyin, beni yalnız bırakmayın,' diye avaz avaz bağırdı. 'Ben Alız'ın ebesiyim, doktorun niyeti...' Aniden kapının arkasındaki tüfeği aldığım gibi doktora çevirdim. Kulübeden çıkmasını ve arabasına binerek uzaklaşmasını söyledim. Gitmezse de hiç acımayacağımı üstüne basa basa haykırdım. Bir şahinden kurtulmaya çalışan şuncağız bir serçe kuşu nasıl ki avaz avaz bağırır ve titrerse, çaresizlik içindeki o ebe de arkamda öyleydi.

"Kararlı olduğumu anlamıştı. Kulübeden çıktı ve gitti.

"Bir süre sonra da Alız'ın ebesini Alız'a götürdüm."

Bora öğretmen, tanık köşesindeki konuşmacıya bakıyor, konuşmacıyı görünce şaşırıyor. Tanık, Alız'ın ebesi çünkü:

"Doktor beni her zaman bir yerlere götürüyor. Arabasına alıyor, öpüyor, kucaklıyor, oramı, buramı elliyor. Uygunsuz tekliflerde bulunuyor; stajyer olan başka ebelere de böyle yapıyor mu bilmiyorum ama 'asaletin benim elimde,' diyerek bana baskı uyguluyor. İşin ucunda bakmakla yükümlü olduğum yaşlı anam ve kardeşlerim olmasa çekip gideceğim, yoksa dünyamı yıkacak bu doktor. Çaresizim. Elimden bir şey gelmiyor...

"Beni kandırdı. 'Deli Fadik çok hasta, onu muayene etmem için yanımda olman şart' dedi, inandım. Beni ondan Fadik kurtardı ama her zaman birisi yanımda olamaz ki, söyleyin ben ne yapacağım? Dostlarınız bana yardım etsinler, n' olur nüfuzlarını kullansınlar," diyordu.

"Ağabey," dedi garson, "bayağı uyudunuz ha, çayınızı da içmediniz soğumuştur, tazeleyeyim mi?"

Gerçekten de uyumuş, başının ağrısı da geçmişti.

"Haklısın," dedi, "bana bir çay daha getir!"

Garson çay getirip önüne bıraktı. Bir yudum almıştı ki karşıdaki masada oturan ve gözlerini ondan ayırmayan iri yarı iki adamla göz göze geldi. Adamlar suç işlemişler gibi telaşa kapıldılar ve gözlerini Bora'dan kaçırdılar. Çayını içti ve kahvehaneden çıktı.

3

İlçe Milli Eğitim Müdürü, beyaz gür saçlı, orta boylu, nohut gözlü, beyaz tenli ve sert görünümlü bir adamdı. Koltuğa gömülmüştü. Bora öğretmene tepeden bakıyordu. Konuşurken sanki dişlerini sıkıyordu: "Bora öğretmen," dedi, "senin hakkında şikâyetlerin ardı arkası kesilmiyor. Böyle giderse mesleğinden olacaksın, demedi deme. Yahu hakkında en çok değil ha, tek kişi sensin.

Eğiticiliğine, öğretmenliğine sözüm yok, yok ama bu kadar da olmaz ki. Üç yüz öğretmenin içinde yalnızca sen şikâyet ediliyorsun, bu nasıl iş, anlamadım. Ağacın meyvelisi sen misin yani? Davranışlarına, ilişkilerine ve günlük yaşamına dikkat et biraz! Sana ne sendikadan, *Topluma Farklı Bakış*'tan canım! Bu ülkenin ekmeğini yiyip sofrasına bıçak sokmak olmaz! Buna izin vermem! Her yerde gözümüz, kulağımız var Bora öğretmen, iznimiz olmadan bir yaprak, düşmez, bir kuş havalanmaz! Sıradan olmak sana ne kazandırıyor. Erişilmezliğini koru, köylülerle mesafeli ol!

"Sana ne, herkes bildiği gibi yaşasın! Yıkılmaz sanılan nice duvar yıkıldı, gerçeği gör! Yaşamı yeniden yorumla. Başkası olma kendin ol artık!"

"Sayın hocam," diyerek karşılık verdi Bora öğretmen, "şifahen yapılan şikâyetler geçerliyse resmiyete dökün, ben de yanıt vereyim olur mu, yoksa babalık gösterip doğru ya da yanlışlarınızı tekrarlamayın."

Müdürün odasından çıkarken kendi kendisine, "Bu kadar olay yeter de artar bugün," dedi, "en iyisi alışveriş yapmak, dostlara bir merhaba demek, sonra da köye dönmek..."

"İlçemiz (Y) kasabası sağlık ocağı doktoru Gündüz Sel (32), bir süre önce; emrindeki ebe ve hemşirelere sarkıntılık yapmakla suçlanmış, soruşturma için de geçici görevle hastaneye alınmıştı. Aradan geçen bunca zamana rağmen, ne soruşturma tamamlanmış ne de şahitlerle suçu kesinleşen doktora ceza verilmiştir. Meslektaşlarının yüzkarası olan Gündüz Sel'in soruşturmasının ağırdan alınmasını kınıyor ve yetkilileri göreve çağırıyoruz..."

Topluma Farklı Bakış

2. Bölüm

1

Muhtarın evinde birkaç kişi oturuyordu. Cevahir, odaya girdi. Çay tepsisini ve bir demlik çayı muhtarın önüne bıraktı. Duman altı olan misafirleri için bir pencerenin kanatlarını açtı. Yüzünü buruşturdu odadan çıktı. Muhtar, demliği alıp çay doldurmaya başladı. O sırada Hamit, Cevahir içeri girince yarım bıraktığı konuşmasına devam etti.

"Ulan," dedi, "adam, şeytanın kendisi be! Altından girdi üstünden çıktı. Alızlı'yı kandırdı sonunda! Hemen hemen herkes sendikalı oldu! Bundan sonra kimse Alızlı'ya iş vermez. İşimizi kimse yapmaz. Çiftimiz sürülmez! Ekinimiz için patoz gelmez! 'Bu sendika fitnesi Alız'dan yayıldı çevreye; bulaşıcı bir mikrop gibi çünkü! Bu mikroptan kurtulmak çok zooor, çooook!' Böyle diyorlar, arkadaşlar hangi köye gittiysem canım! Pancarcılar şikâyetçiler bizden! Bora öğretmeni engelleyemediğimiz için! Çok haklılar, adam göz göre göre arı kovanına çomak soktu, ekmek teknemizin içine etti, halen karşısına çıkıp bir çift laf edemiyoruz, yarın öbür gün bizden... Tövbe tövbe! Ulan, yaş odun durup dururken yanar mı hiç! Taş kendini suya atar mı? Ağır olamadık onun karşısın da, kaplumbağa gibi sindik, o da istediği yere fırlattı bizi. Elmalı burnumuzun dibi, diğer köyler uzakta ama hep bizi düşündüler. İnsan komşusuyla yaşar canım! Şimdi ben şunu bilir, şunu söylerim: Hayatta insanın iki şeyi ile oynamayacaksın, namusuyla ve ekmeği ile! Bilirim, Elmalı her ne kadar Deli Fadik'i dışlasa da namusu görür, bilir, Bora öğretmenle adı çıktı diye, bu yüzden Bora'ya diş bilerler. Üstüne üstlük, Elmalı gibi nice varsıl köyün başına sendika belâsını sardı mı bir de! Sen elin malının ortağı mısın arkadaş! Yaşatmazlar onu! N'olur peki, biz akılsızlığımızdan dolayı sürünürüz. Yahu devlete de kızıyorum, bunun neler karıştırdığını bilmiyor mu ki hâlen maaş veriyor, öğretmenlik yaptırıp çocuklarımızı zehirlettiriyor!"

Muhtar, boş bardakları tepsiye koyduktan sonra, misafirlerine sigara ikram etti. Tekrar yerine oturdu. Hamit'e bakarak: "Şimdi," dedi, "Hamit, iyi konuşuyorsun, haklı olduğun taraflar da var ama Bora öğretmene bu kadar yüklenmeni anlayamıyorum! Eğri oturup doğru konuşmak lazım, ben de onu sevmiyorum ama bu gerçekleri yok saymamı gerektirmiyor. Yani insaflı olmak gerekiyor, değil mi? Bir kere sendikanın adamı değil, bu yalan! Ha, sendikacılığı savunuyor. Doğru bildiğini söylüyor. Hepimiz bunu yapmıyor muyuz? Zaten bizi biz yapan da biraz kendi bildiğimizden şaşmamamız değil mi? Ayettir diyorlar, *Allah isteseydi insanları aynı fikirde yaratırdı, onları inanmaya sen mi zorlayacaksın*, diye. Yani ot olmadığımıza göre, hepimiz bir fikir sahibiyiz, eğer akıl noksanlığımız yoksa... Üstelik kimse aynı düşünmek zorunda da değil. O da öyle birisi, kabul etmek zorundayız. Sonra devlete niçin kızıyorsun ki, kulakları ve kolları hem senden çok hem de uzun mu uzun. Her şeyin farkında... Su akar yatağını bulur. Çekirge misali, en fazla üç bilemedim dört kere sıçrayacak derim. Dediğin gibi, devlete göre suçluysa, merak etme cezasını çekecek. Önünde sonunda şikâyetlerden biri ya da birkaçı işe yarayacak arkadaş. Çünkü devletin işi ağır ilerler ama sonun da yapışır suçlunun yakasına, kendisine düşman olanın, fitnecinin, fesatçının... Anladın mı? Bora öğretmen, sendikalı olursanız şöyle şöyle kazanırsınız diyor ama kimseyi kolundan tutup sendikalı olsun diye götürmüyor. Merak etmeyin bütün gidilmesi gereken yerlere gittim ve öğrendim; Tarım İşçileri Sendikası yasalmış. Ama *Karaman'ın koyunu sonra çıkar oyunu*, dedikleri gibi, bunların da 'oyun'u varsa, karşılığını göreceklermiş."

Hamit ve diğerleri kalktılar, muhtar onları kapıya kadar geçirdi.

2

Pancar Üreticileri Birliği'nin üç katlı binası çok hareketliydi. Yönetim kurulu salonundakiler kızgındı! Durmadan sigara ve çay içiyorlardı. Başkanı bekliyor, kendi aralarında konuşuyorlardı. Salonun kapısı açıldı. Salondakiler hemen ayağa kalktı. Şişman, ablak yüzlü, temiz giyimli, esmer ve fötr şapkalı Başkan onları ayakta selamladı. Sonra da masadaki yerine oturdu. Gözlerini kendisinden alamayan yönetim kurulu üyelerine baktı tek tek.

"Kim ulan bu Bora?" dedi davudi sesiyle.

"Alız'ın öğretmeni!" diyerek karşılık verdi bir üye.

Başkan öfkelendi. "Alız'ın öğretmeni mi," dedi, "yoksa sendikanın bir propagandacısı, militanı mı?"

Bir başka üye ayağa kalktı, ceketinin düğmelerini ilikledikten sonra,

"Başkanım," dedi, "her şeye karışan ukalâ; memleket, millet ve servet düşmanı biri! Allah'ın mı, Şeytanın mı belası bilmiyorum ama püsküllü bir bela!"

Başkan ileri uzandı, masaya yatacakmış gibi usulca; "Size zamanında söylemedim mi," dedi, "beni dinlemiyorsunuz ki! Eğer zamanında onun gibi birkaçının kolunu, kafasını kırsaydınız şimdi durum böyle olmayacaktı! Hani köylüler böyle şeylere inanmazlardı, sendikalı olmazlardı. Ulan siz uyuyor musunuz? Köylünün elinden gördüğü şeyi asla alamazsınız! İşte Bora gibi insanlar, sendikayı köylülere gösterdiler! Onu elle tutulur, gözle görülür hâle soktular, karşılığını da aldılar! Hani köylerdeki adamlarınız sendikacılara karşı çalışıyorlardı? Hani, ne oldu? Geldiniz mi sözüme? Şimdi içinde bulunduğunuz bataklığın nasıl bir şey olduğunu öğrenebildiniz mi? Uğraşın da kurtarın kendinizi! Bu bataklıktan yetişecek sivrisineklerin neler yapabileceklerini hiç düşündünüz mü? Kurdun ensesi niçin kalın ha? Ulan nasıl inandım size!

"Onun öğretmenliği görüntüyü kurtarmak için, biliyor musunuz? Geçmişini çocuklarımın hayatı gibi biliyorum, öğrendim!

Asıl amacı dünya görüşü doğrulusundaki sendikayı burada örgütlemek. Yarın bir gün tayin ister, gider! Anladınız mı? *Topluma Farklı Bakışçılar* ile kuyumuzu kazıyordu, siz de uyuyordunuz. Yalan mı? Ulan kendime kızıyorum! Başka yerden ırgat getirmek de nasıl bir düşünceymiş? Bu sendika bölgemize, ülkemize köygöçüren gibi kök salmış, haberiniz yok mu? Sonra ırgat getirteceğiniz yerlerin bizim gibi üreticileri ne yapacaklar, bu düşünceden dolayı birbirimize mi düşelim? Sonra hanginiz, ürününüz, emeğiniz toprakta kalsın, çürüsün istersiniz? Bir çıkmazın içinde olduğumuzu kabul edin artık! Nereye gittiyseniz boş dönmediniz mi? Sendika temsilcileriyle yüz yüze gelmediniz mi? Atı alan Üsküdar'ı geçti, kendinize yanın. Yani *geçti Bor'un pazarı, sür eşeğini Niğde'ye*. Biz de sendikacılarla toplu sözleşme pazarlığına gideceğiz çok yakında, çünkü başka çaremiz yok ama benim Bora öğretmenle işim bitmedi, ona kendimce soracağım var! İşte diyeceğim bu kadar, toplantımız bitmiştir."

Üyenin birisi aniden: "Onlarla pazarlığa oturmak mı, asla," diyerek bağırdı.

Başkan; "Ulan," dedi bağırarak, "tekrar başa dönmeyelim, başka çaremiz kalmadı. Pancar çapasız, sökümü ırgatsız olur mu? Bunca zaman bekledik, hiçbir şey değişmedi. Onlarla pazarlığa oturmazsak, emeğimize elveda demek zorundayız, anladın mı?"

Aynı üye; "Sendikacılara direnelim," dedi, "birbirimize yardım edelim, çocuklarımızı, eşlerimizi, gelinlerimizi çalıştıralım bu yıl, böylece dirençleri kırılır!"

Başkan: "Diyelim ki dediğini yaptık. Hepimizin çoluğu çocuğu olsa olsa yüz ırgat eder, bununla on binlerce dönüm ürünü hiç zamanında hasat edebilir miyiz, kafasız!"

Bir üye başkandan söz aldı. "Başkanımıza katılıyorum arkadaşlar," dedi, "yularımızı onların eline verdik bir kere, sabırlı olup beklemekten ve bir an önce anlaşmaktan başka çaremiz yok, çünkü her gün zararımıza, bunu biliyorsunuz. Ama ben başka bir şeyden de söz etmek istiyorum, şimdi hükümetteki milletvekillerimiz de isteğimize olumlu karşılık vermiyorlar. Efendim, dünya değişiyormuş! Uygarlık paylaşmak demekmiş! Sosyal adaletçi ve paylaşımcı olduğumuzu herkese göstermeliymişiz insan haklarını savunan, emeği öne çıkaranlara sosyal adaletçi ve paylaşımcı üreticiler, kazançlarının büyük bir bölümünü işçilerine verirmiş. Toplumsal barışın teminatıymış bunlar. Tarım İşçileri Sendikası da kanunlara göre kurulmuş, birçok bölgede çoktan faaliyet gösterdiğinden bölgemize girmesine karşı koyamazlarmış. Bunu istiyorlarmış bizim için ama muhalif partilerin, milletvekillerinin karşı propagandasına malzeme olmasın diye böyle bir şeyi yapamazlarmış, sabırlı olmalıymışız. İşte siyaset budur! Zamanla değişirler, çıkarları için oy aldıkları partililerine bile karşı olurlar. 'Bora öğretmeni görevden almazsanız bile Doğuya sürgün edin' dedik. 'Böyle bir gerekçeden dolayı onu sürgün ettiremeyiz,' dediler. 'Onu başka bir nedenle oradan almak bile muhaliflerin ve karşıtlarımızın işine yarar, ekmeklerine yağ sürer, oy oranımız etkilenir, yapamayız' dediler. Seçim zamanında hiç bir şey yapamazlarmış. Diyeceklerim bu kadar, hiç olmazsa pazarlıkta çok ödün vermeyelim."

Başkan salondan çıktı.

Üyeler kendi aralarında konuşmaya devam etti.

3

Başkan, odasında yalnızdı. Koltuğuna gömülmüş gazete okuyordu. Bir yandan da sigara içiyordu. Odasına giren iki adamı görünce hemen gazeteyi bıraktı ayağa kalktı. Onlara yer gösterdi. Oturmalarını işaret etti. Adamlar, masaya yakın koltuklara karşılıklı oturdu. Başkan, onlara sigara uzattı. Adamlardan biri sigara almadı. Sigara almayan, sert bakışlı, buğday tenli, kıvırcık saçlı, uzun boyluydu. Başkan'a: "Az önce" dedi, "Bora öğretmenle karşılaştık. Ruh gibi. Günlerdir kendisini izlediğimizin farkında bile değil, anlayacağınız kolay iş, tereyağından kıl çeker gibi..."

Başkan, tereddütlüydü. "Görünüşe aldanmayın," dedi, "ya bilip de bilmezlikten geliyorsa..."

Aynı adam: "Sanmam başkanım," dedi, "bize güvenin, gerisini düşünmeyin başkanım! Bugün düşündüğümüz iş için çok uygun bir zaman!"

Başkan: "Niçin," diye sordu, "pek anlayamadım da?"

Sigara içen kara yağız, tombul adam: "Günlerdir araştırıyoruz," dedi, "avcı olarak da birkaç kez Alız'a gittik, köy odasında kaldık, aynı kahvede Bora öğretmenle oturduk. Bir ara bize uzun uzun baktı, bugün bizi tanıyacak diye ödüm patladı ama göz göze geldiğimiz hâlde şöyle bir baktı yüzümüze o kadar, sonra çekip gitti. Müthiş dalgın bu aralar... Neyse... Şimdi bugün pazartesi değil."

"Ne ilgisi var," dedi başkan, "pek anlamadım?"

"Alız," dedi tombul adam, "diğer köyler gibi anayol üzerinde değil, üç beş kilometre içerde. Bu yüzden pazartesi günleri Elmalı'dan bir minibüs buranın yolcularını Alız'a kadar götürüyor. Diğer günlerde Alızlılar, yol ayırımında inip yürüyerek gidiyorlar. Bu hiç değişmiyor. Birkaç kere yolculuk da yaptık Bora öğretmenle. Bora öğretmen pazartesi günleri dışında yol ayırımında iniyor. Alız Köprüsü'nün yanı başında bir elma bahçesi var. Bahçede de Alız Nehri'ne yakın küçük bir kulübe... Burada Deli Fadik diye bir kadın yaşıyor. İşte Bora öğretmen önce bu kadına uğruyor. Onunla kalıyor bir süre. Ne yapıyor, ne konuşuyorlar bilmiyoruz. Fakat dedikodulara bakılırsa ilişkileri varmış! Minibüslerin en geç gidenine biniyor. Bu kadına uğruyor ve sonra Alız'a gidiyor. Deli Fadik'in yanından ne kadar geç ayrılırsa, bizim için o kadar iyi olacak. Pusu kuracağımız yeri iyice belirledik, Alız yolu üzerinde bir kavaklık var. Bu kavaklığa gizleneceğiz, mecburen önümüzden geçecek, çünkü başka bir yol yok! Kavaklık Alız Nehri'ne de çok yakın. Onu vurduktan sonra kavaklığın içinden sürükleyerek nehre atacağız. İşimizi sağlam yapmak istiyoruz."

Başkan koltuğuna gömüldü iyice:

"Üzerimize çamur sıçramayacak değil mi?" diye sordu.

Uzun boylu adam karşılık verdi:

"İnce eleyip sık dokuduk, meraklanmayın! Şimdi asıl konuya geçelim artık, değil mi?"

4

Hava ayazdı. Nisan ayının ortalarıydı. Kar yer yer eriyordu. Altmış kadar haneden oluşan Alız Köyü, güne çoktan başlamıştı. İki yamacın ortasından coşarak yukarılardaki ormana akan Alız Nerhir'nin kıyıları boyunca kıvrılan ve sonunda sağdaki yamaçtan geçip çıplak tepeye uzanan ve burada gözden kaybolan yolun üstünde iki atlı vardı. Tepeden Alız'a bakıyorlardı. Karın içinde kalan Alız'ın ve çevredeki ağaçların göz alıcı manzarası onları ilgilendirmiyordu. Ayakları yolun çamuruna batmış olan atlar ve üstündekiler birer yontu gibiydi. Öndeki atın üstündeki adam, kır sakallı, uzun, ince yüzlü, kalın kaşlı, dinç ama olduğundan yaşlı görünüyordu. Esmerdi. Alnı ve şakakları kırışıktı. Siyah renkli paltosunun sol alt yanından gizlediği tüfeğin namlusu parlıyordu. Kederliydi. Düşünceliydi. Koyu renkli başlığı kalpak gibiydi. Atı güçlü bir hayvandı. Biraz geride duran atın üstünde ise yeni yetme birisi vardı. İnceydi. Orta boyluydu. Sarışındı. Başında yünden bir başlık vardı. Boynunu çepeçevre saran atkı göz alıyordu. Gözleri elaydı, bulutluydu. Burnu kızarmıştı. Yanakları da... O da düşünceliydi. Gözlerini babasından ayırmıyordu. Pantolonu dardı. Paçaları dizine kadar çıkan çizmesinin içindeydi. Kahverengi kazağının üzerine giydiği kaban büyüktü. Atı kır renkliydi. Omzuna çaprazlama taktığı tüfek çift namluluydu. Üşümüş ve kanatları ıslanmış bir serçe kuşu gibi titriyordu. Perişandı. Yorgun ve uykusuzdu sanki. Yüreği ağzındaydı. Konuşmakla konuşmamak arasında bocalayıp duruyordu. Babası kendisinden yana şöyle bir dokunsa, bin şey işitecekti ama babası hiç oralı olmuyordu.

İçinden konuşmaya başladı: "Şu anda," dedi, "hangi yöne akacağını bilmeyen bir akarsuyum! Önümdeki engeller yetmiyormuş gibi her an başka başka engeller çıkıyor! Bunlara gücüm yetmiyor, bunları aşamıyorum. Hem korkuyorum hem de şaşırıyorum. Ah, şimdi öğretmenim olsa da önümü açsa ve ben kendim olabilmek için akmaya başlasam! Bir öğretmen, aynı zamanda suyun önünü açan bir kişi değil mi zaten? Kendimi akıntısına bırakmışım babamın. Babam Alız Nehri gibi önümde. Ondan kurtulamıyorum. Beni istediği gibi götürüyor. Keşke tersine aksa! Biliyorum olmayacak şeyler düşünüyorum ve konuşuyorum. Hiç nehir geri akar mı? Bu olamayacağına göre, babam da bir nehir gibi beni sürüklemekten vazgeçmeyecek! Ok, çoktan yaydan çıktı, geri dönemez yaya! Ya hedefe varacak ya da... Kendimi ne kadar da bir şeylere benzetiyorum. Töreler yay olan babamı germiş bir kez, ben de babamdan ayrılan bir okum demek ki."

Yanında babası vardı ama yine de yalnızlığın çemberi tarafından kuşatılmıştı. Ve yalnızlık çemberi yüreğinden başlayarak kendisini ele geçirmişti. Düşünemiyor, ne yapacağını, ne söyleyeceğini bilemiyordu. Sürekli kendisiyle konuşuyordu. Bundan da bir çıkış yolu öğreniyordu. Birdenbire irkildi babasının sesiyle: "Bu yamaçlar," dedi babası, "bir ananın güçlü kolları gibi Alız'ı kucaklamış. Görüyor musun? Ve bu orman, o ananın gür saçları gibi inmiş üstüne Alız'ın. Sonra Alız'ın içinden geçen Alız Nehri de sanki hiç bitmeyen sütü. Hep akar. Kimi zaman coşar, kimi zaman da yatağına küsmüş gibi azalır, ama hep akar! Görmek istemediğimiz bir gerçek daha var bu benzetmenin. Ne midir? Dikkat et, o ananın güçlü kolları sanki Alız'ı yere bırakmak demiyorum ha, atmak ister gibidir. Hani haksız da değil derim! Buradan başka bir yere gidecekmişiz gibi, eğreti yapmışız evlerimizi. Hepimiz ha! Yalnızca yerleşik olanlar, cami, okul, sağlık ocağı. Yalan mı söylüyorum oğlum? Bu şeylere neyimiz var, neyimiz yok yatırmışız da kendimizden esirgemişiz. Bu daha ne kadar sürer bilmiyorum. Aslında Bora öğretmen haklı, bunlara gösterdiğimiz özeni kendimize de göstermeliyiz. Ama okula pek önem verdiğimiz söylenemez. Nasıl yapıldıysa öyle duruyor. Camiye de çoğu Allah korkusundan değil, çevresine şirin görünmek için yardım ediyor. İmece, salma dediğin bizim köyde sadece camiye. Neden? Çünkü burası Alız! Sırtını kuzeyin karlı, engebeli ve ormanlık dağlarına dayamış, ilçenin son köyü. Kuş uçmaz kervan geçmez bir yer. Buradan sonrası bizim yaylalar. Şu gördüğün yol, bu ormana daha rahat girmek için açıldı, Alızlıları düşündüklerinden değil. Hastalarımızı kimi zaman at sırtında, kimi zaman yardımlaşarak çektiğimiz kızaklarla götürdük sekiz kilometre kadar uzaklıktaki anayola. Düşünebiliyor musun? Çoğu hasta geç kaldığı için öldü. *Kader* dedik, katlandık. Başkalarının bize reva gördüğü şeylere nedense hep *kader* deyip geçiyoruz ama kazın ayağı öyle değilmiş ki... Kasımın sekizinde başlayan yaprak dökümü içimizi titretirdi bizim. 'Acaba kim hastalanacak, kim ölecek' diye? Adımız çıktı sonunda. Çevre köylüler ölülerimize gelmez oldu. Çünkü ölümler art arda oluyordu. Bıkıp usanmışlardı ölüler için başsağlığı dilemeye gelmekten... Onların yardımı ile açıldı bu sağlık ocağı. Çoğu zaman sağlık ocağının kapısı açılmadı. Ya ebe gelmedi ya da gönderilen ebe bir iki aydan fazla kalmadı Alız'da. Bir yolunu bulup gittiler. Bu yüzden hep kendi içimizde yaşadık. Zorluklara, çevreye, kışa, ölüme öğrene geldiğimiz biçimde direndik. Bir garip olduk. Ne başkalarına sokulduk, ne de başkalarının bize sokulmasına izin verdik. Yaptığımız çoğu şey görüntüyü kurtarmak için. Okula çocukları göndermemiz, muhtara ve ihtiyar heyetine katlanmamız, kırk yılda bir Alız'a yolu düşen devlet büyüklerine ve milletvekilli adaylarına karşı güler yüzlü olmamız, arkasında namaz kıldığımız imama inanıyormuşuz gibi görünmemiz daha hangi birini söyleyeyim ki... İnsan alıştığı gibi yaşar. Yani ne ekersen onu biçersin. Anlıyorsun değil mi Hüseyin'im? Buranın insanında şu dağların oluşturduğu maya apayrıdır! Sana nasıl söylesem bunu! Bunları yıkmadığın sürece, bunlara rağmen yaşayamazsın! Ne demek istediğimi anladın mı kurban? Bu kadar lafı başka zaman olsa bir araya getirip söyleyemem. Etim ne ki budum ne olsun. İnsanı dert söyletir Hüseyin! Derdimi biliyorsun güzel oğlum! Bu yüzden durmadan konuşmak istiyorum bugün. Rahmetli dedenin sık sık söylediği bir masalı anımsıyorum şimdi. O masalın çobanı gibiyim. Bildin mi?

" 'Tanrıların koyunlarının çobanı olan adam, koyunları ile konuşmaktan, dertleşmekten bıkmış günün birinde. Ve otlarla, çiçeklerle, böceklerle, kuşlarla konuşmaya başlamış. O konuşmuş, içini, ümitlerini, beklentilerini sıralamış doğaya... Ama bu arada koyunları unutmuş ve koyunlar kaybolmuş. Tanrılar, çobanın konuşmayı çok sevdiğini bildiklerinden ceza olarak dilini bağlamış. Adam lâl olmuş sonunda. Gün geçtikçe kötülemiş. Erimiş. Yaşayan bir ölü olmuş. Bu durumu gören tanrılardan biri çobana acımış ve dilini çözmüş. Çoban da konuşmadığı yılların acısını çıkarmak istercesine, gece gündüz dememiş, bu süre içinde duyup da anlatamadıklarını anlatmış durmuş...' İşte ben bu çoban gibi hep konuşuyorum, susmak istemiyorum. Ama sen susuyorsun Hüseyin! Bir tek sözcük söylemek geçmez mi içinden? İçini döksen bana, aklından geçeni bir bilsem! Her şey daha kolay olacak. Çoktandır susuyorsun ama bugün daha bir başkasın. Anlayamıyorum bu durumunu. Sen de söylemiyorsun düşündüğünü; Eskiden olsaydı gözlerine baktığımda ne söylemek istediğini hemen anlardım. Ama şimdi, ne gezer gözlerinde lâl olmuş oğlum!

"Bora öğretmen, iyi adam, hoş delikanlı! Fikirleri de kendisi kadar güzel ama burası Alız! Onun söylediğini yaparsak kötünün kötüsü oluruz. Alız'da yerimiz olmaz. İnsan içine çıkamayız. Bugüne kadar Alız'da alnı açık başı dik gezebildiysek, hesabımızı ertelediğimi herkesin bildiği içindi. Değil mi? Alızlıların bakışı, gülüşü, susuşu, adım atışı yüreğimize bıçaklar batırmıyor mu? Bundan kurtulacağımız an bugün işte! Yüreğimize saplanan sözel bıçakların hepsini bir bir çıkarıp sahiplerinin önüne atmanın zamanı yaklaşıyor Hüseyin'im! Ne Bora öğretmeni, ne de gözü yaşlı, dili büyülü, yüreği közlü ananı düşün! İlki bizim buranın insanı değil, bilmez töremizi, içimizi hayatımızı. Anan da bir kadın nihayetinde! Kadın, gözyaşıdır. Zayıflıktır. Engeldir. Büyüdür. Korku yayandır. Analık maskesiyle yiğitlik düşmanıdır. Bunları hiç mi hiç unutma! Yeterince oyalandık koçum, sür atını haydi! Bayırdan inerken çok dikkatli ol! Atına sahip ol, çamura, kara batmasın sakın! Bunca zaman bugünü bekledik, bir aksilik çıkmasın! Buradan önce Alız Çayı'na ineceğiz. Çay'dan da Alız Nehri'ne gideceğiz. Alız Nehri'ne ulaştık mı iş tamam! Tarlaların arasından pusu tepesine gideceğiz! Pusu tepesini biliyorsun. Avcıların nehre inen ördekleri vurmak için pusu kurdukları tepe. Burada önce dereler buz bağlar, sonra avcılar iz bağlar oğul. Avcılar iz bağlayınca feleğin kolları açılır. Artık avcılar zamanıdır ve hiçbir av onlardan kurtulamaz. İşte neredeyse Alız'ın bile buz bağladığı bu zamanda sen avcıdan da avcısın. Varsın Alız buz bağlasın, analar ağlasın. Hiç önemli değil. Sen feleğin de Azrail'in de çözülen eli olmalısın, unutma. Görsünler el mi yaman Hüseyin mi?... Onu vurman için ideal bir yer! İşte öyle indir atı oğul! Güzel... güzel... daha yavaş sür atı Hüseyin'im. Atı kendi hâline bırakma... Ne yapıyorsun, başıboş at atar sürücüsünü sırtından, çamura saplanır. Bir şey olmasın sana bugün! Düzlüğe yaklaşıyoruz, az kaldı. Sık dişini koçum! Yola yaklaşmak üzereyiz! Bu yol açıldığında sen ufacıktın. Alız'da bir şenlik oldu ki sorma! Manyetolu telefonla Elmalı'ya haber uçurduğumuzda hemen bir minibüs geliyor, yarım saat içinde... Hastanı bindirdiğin gibi ilçeye gidiyorsun. Bu bile bizim için büyük bir ilerleme. Şimdi her pazartesi günü Elmalı'dan gelen bir minibüs Alızlıları hem ilçeye götürüyor, hem de ilçeden köye getiriyor. Dili olsa şu atların bu işe ve yola en çok kendilerinin sevindiklerini söyler çünkü bu yolun açıldığı güne kadar bütün yük onların sırtındaydı. Bunları benden daha iyi biliyorsun, ne diye anlatıyorum ki sana! Söyledim ya hep konuşmak istediğimi, belki de bu yüzden... Konuşmak isteyişimin nedenini soruyorum kendime ama mantıklı bir gerekçe bulamıyorum. Onu öldüreceksin diye seviniyorum. Bundan mı, yoksa korktuğumuzdan mı, senin dama düşeceğinden mi? Her nedense işte ama hep konuşmak istiyorum. İnan bana, böyle boktan bir işi yapmanı istemiyorum ama başka çaremiz yok koçum."

Hüseyin bir yandan babasını dinliyor, bir yandan da atını bir çukura batırmaya çalışıyordu. Üzeri karla kaplı bir çukura düşse atının ayağı kırılacaktı belki, buna üzülecekti, ağlayacaktı. Hatta kendisine de bir şey olacaktı belki ama sevinecekti canının yanmasına rağmen. Ne yaptıysa atını bir çukura düşüremedi. Çok üzüldü. Kendisini attan atmayı, böylelikle ayağını ya da kolunu kırılabileceğini düşündü. Ama kendisini kandırmak işine gelmedi. Bunları, hedefe fırlatılan ok olarak gördüğü kendisini yanlış hedefe yöneltmek içindi aslında. İstemediği bir şeyi yapması zordu, çok zordu. Ama bugüne kadar bunu çok istediğini, yıllarca atış talimi yaptığını, babasının çizdiği yoldan çıkmayacağını anımsadı. Kahroldu. Bugüne kadar olan her şeyin, söylediği ve verdiği sözlerin bir rüya olmasını istiyordu. Bu bir rüya olsaydı da gören babası olduğu için, o uyanmadan bitmeyecekti asla... Bu karmakarışık düşünceleri içinde bir savaş başlatmıştı. Ne yapacağını bilmiyordu. Yüreğinde filizlenen başkaldırı, bir yangın gibi hızla büyümeye başlamıştı. Bu uzun soluklu başkaldırıyı, dişleriyle dudaklarını ısırarak durdurmaya çalışıyordu.

Babası ise: "Onun," dedi, "hapishaneden çıkmasının pazartesi gününe rastlamaması ne kadar iyi değil mi? Elmalı'nın minibüsüyle Alız'a gelir, evlerinin kapısında iner ve inine girerdi. Bu bile onun senden kurtulmasına engel olamazdı, biliyorum! Ekinin içindeki bir fare, ekine ne kadar güvenirse güvensin, gökyüzündeki kartaldan kurtulur mu? Bir tavşan, ne kadar koşarsa koşsun, peşindeki ve kokusunu almış av köpeğinden kaçabilir mi? Vahap iti, Azrail olan senden pis canını kurtarabilir mi?

" 'Deli Dumrul gibi yerine ne canlar, bulursa bulsun, sen onun canını bağışlar mısın? Değil mi aslanım! Senin için mekân fark etmez çünkü! Ha burada ha başka bir yerde... Akrabaları, 'seni karşılayalım n'olur,' demiş. Haber göndermiş, 'beni karşılamaya gelmeyin, ne ilçeye ne de yol ayırımına, şimdiden laf olsun istemiyorum, ne olacaksa olsun,' demiş. 'Beni, ilçeye eskiden olduğu gibi gitmiş bilin. Yol ayırımında ineceğim ve sekiz kilometrelik yolu yürüyeceğim!' Doğru ya da yalan, böyle demeliymiş. Duydum bunu ya, kahroldum. Öfkelendim. Alızlılar söylüyor bunları oğul! *Ateş olmayan yerden duman tütmez* değil mi, söylesene Hüseyin'im? Güya damda yata yata aklını yitirmiş biraz. Böyle olmasaymış bunları söylemezmiş. Neler duydum neler... Ama ben, onun delirdiğine inanmıyorum. Damda yattı ya, efeleniyor. 'Sırtım yere gelmez, kimse bana karşı çıkamaz' diyor. Oysa bilmez ki Zülfü'nün aslan gibi Hüseyin'i var karşısında! Gezden, gözden, arpacıktan selamlayacak kendisini! Pusu tepesine yaklaştık oğlum! Yoldan çevir atını tarlaya, çabuk lan bakarsın bir gelen olur, bizi görmesin sonra! Pusu tepesi bizi korur artık, korkma! Anayoldan, Alız Köprüsü'nden yana kimse görmez bizi! İnelim atlarımızdan, yoruldular. Şu ahlat ağacına bağlayalım ve pusu tepesine çıkalım.

Bu birkaç ağaç atlarımızı saklar, yoldan geçenler olsa bile atlarımızı göremez. Hadi ne duruyorsun!"

Atları, birbirine bitişik birkaç ahlat ağacının ortasına bağladıktan sonra çamur ve kar dolu tepeye tırmandılar. Tepeye çıktılar. Avcıların Alız Nehri'ne inen kuşları avlamak için taşlardan yaptıkları 'pusu'ya; bir insanın yüzüstü uzanabileceği kadar üstü açık dikdörtgensi ilkel bir sığınaktı bu, baktı Hüseyin. İçi titredi. Ardından yola baktı. Alız Köprüsü'nün hemen yanından ayrılan Alız yolu, kıvrıla büküle pusu tepesinin solunda ve elli metre kadar uzağındaki kavaklığı geçtikten sonra bir **C** çizip Alız'a uzanıyordu. İrili ufaklı başka tepelerin ve de Alız Nehri'nin kıyısı boyunca sık aralıklarla dikilmiş kocaman söğütlerden dolayı ne Alız Köprüsü, ne anayol ne de Deli Fadik'in kulübesi görünüyordu.

"İyi bak koçum," dedi Zülfü, "it oradan gelecek! Alız dağları çok kaçak beslemiştir koçum! Eğer seni damdan kurtaramazsam, bunun için adamlar bulamazsam, öleceğim güne kadar seni yaşatırım bu dağlarda, bunu hiç unutma! Allah'ın bir tek kulu bulamaz seni! Çünkü bu dağları kimse senin baban kadar bilemez! Kemik Hüseyin'in yanında boşuna gün geçirmedim. Çok yaman, çok akıllı bir adam o. Bakma şimdi yatalak olup hâlden bilmezlerin eline düştüğüne... Bu dağların geçitlerini, mağaralarını bir bir öğrendim. Aslında senin yerine burada onu bekleyen ben olmalıydım. Ceddime lanet olsun yalan söylüyorsam! Ah bir ağabeyim ya da kardeşim olsaydı. Köylük yerde yalnız olmak çok zor. Size göz kulak olacak, sizi kötülüklerden, koruyacak biri olsaydı. Sen varsın biliyorum. Ama sen daha... Anlıyorsun ya, Alız' da yaşatmazlardı seni, anneni, kardeşlerini... Sizi öldürürlerdi demiyorum ama öyle bir ortam oluştururlardı ki günbegün erirdiniz, yok olurdunuz... Biliyor musun Hüseyin'im. Beni çıkarcı, duygusuz ve yalancı mı sanıyorsun! Alız'ın töreleri pis, kokuşmuş, yaşlı mı yaşlı, ama kimse ne zaman öleceğini bilmiyor, herkes de ona boyun büküyor. Bu yüzden aman verme o ite! Dom dom kurşunlarının beşini de sık! Yılma, korkma! Yakında kim olursa olsun, affetme! Nişancılığına sözüm yok, artık ben gidiyorum! İşi planımıza uymamız gerekir. Seni söylediğim yerde bekleyeceğim. Fazla zamanımız kalmadı. Gitmem gerekiyor. Onu vurduktan sonra Alız'a gir, yaptığını bağıra bağıra haykır! Heyecanlanma, hedefi şaşırma! Yaralaman bile yeterli. Pusu tepesinden anayola götürülene kadar kan kaybından ölür, tamam mı? El âleme karşı beni, yani hepimizi rezil etme Hüseyin'im. Gerçek Azrail gibi ol. Çünkü bozkırda patlayacak olan tüfek, bize Alız'da ve her köyde saygınlık kazandıracak!"

5

Hüseyin, son bir defa baktı babasına. Babası ata binmişti. Ona el sallıyordu. Öylece kaldı. Sonra, babasının 'pusu'nun içine serdiği battaniyenin üstüne uzandı. Çift namlulu tüfeğini, yolun bir **C** yaparak kıvrıldığı yere, taşların arasındaki delikten doğrulttu. Bu delikten nişan aldığı yeri rahatlıkla görüyordu. Beklemeye başladı. Hem üşüyor hem de düşünüyordu. Kendi kendisine:

"Hep sustum," dedi, "oysa onu vurmayı istemiyorum. Aslında babama söyleyebilirdim. Tepkisinden korktum belki de. Babam beni seviyor, bu yüzden kızmazdı diyorum ama emin değilim bundan. Yıllardır bugün için eğitildim. Hiç sesimi çıkarmadım. Şimdi ne diyebilirdim ki? Annemi, Bora öğretmeni dinlemedim. Bunca zamandan sonra babamı yüzüstü bırakmak İstemeyişimin nedeni nedir bilemiyorum. Bir hata yüzünden gençliğini hapishanelerde geçiren, yüzünü hiç görmediğim Vahap'ı vurmanın doğru olmadığını düşündüğümden mi? Bu ikilik neden acaba? Koktuğumdan mı? Bugünden sonra yaşayacaklarımı bilmediğimden mi, bilmiyorum! Buradayım. Bir avcıyım. Yapacağımın bilincindeyim. Ama o öldürüleceğinin farkında değil! Zaten hangi av öldürüleceğini bilir ki... Zaten bilse de... Asıl kurban benim belki de! Ne yapmalıyım şimdi? Suçlu kim acaba? Beni yönlendiren babam mı? Öfkeyle kalkıp zararla oturan ve bedelini de hapiste yatarak ödeyen Vahap mı? Yoksa üçümüzün de toprağı Alız mı? Alız'ın töreleri mi? Suçlu kim acaba? Ne yapacağım ben? Bu çıkmaz yoldan nasıl kurtulacağım? Kendim için yapacak bir şey yok artık, babamı sevindirmekten başka. Ama yüreğim paramparça! Yüreğimin hiçbir parçası kötülük taşımıyor. Şu tüfeği tutan eller, gelecek olan avı gözetleyen gözler, bana ait değil! Belki de, bu yaşadıklarım, söylediklerim, düşündüklerim bir düş! Annemin sihirli öpücüğü beni bu kâbustan uyandıracak. Güneşli gözleriyle içimi ısıtacak. Ellerimden tutup beni kaldıracak. Kucağına alacak, öpecek, koklayacak. 'Düş görüyordun herhalde, kendi kendine söyleniyordun çünkü.' Ona güleceğim o kadar. Sonra hazırlanıp okula gideceğim. Bora öğretmeni selamlayacağım ama hayır, pusu tepesindeyim. Hüseyin değilim! Bir biçimde babam olmuşum! Bu söylediklerim, düşündüklerim hiç de etkilemiyor beni. Pusudayım ve Vahap'ı beklemekteyim..."

6

Bir dağ güvercini, göz alabildiğine uzanan, engebeli ve geniş bozkırı ikiye ayıran asfalt yolun üstünde çok yüksekten, daireler çizerek uçuyordu. Bozkırı, bir çanağın altına benzetmeye neden olan dağlar oldukça uzaktaydı. Bu dağların üzeri karla kaplıydı. Doğudan batıya siyah bir yılan gibi kıvrıla büküle parlayan yola bakıyordu güvercin. Yolun solundaki geniş mera kuzeydeki dağlara uzanıyordu. Yeşeren otların, erimeye başlayan karın oluşturduğu ufak tefek göller çok güzel bir manzara oluşturmuştu. Yolun sağında, birbirine benzeyen, içinde beslediği, koruduğu tohumları sabırsızlıkla güneşle buluşturmayı sevdalı tarlalar vardı. Tarlaları birbirinden ayıran çizgiler kocaman söğüt ve kavaklarla doluydu. Güvercin bazen yola iniyor bazen de yükseliyordu. Asfalt yolun üstünde kar yoktu. Yol ışıl ışıldı. Yolun sağında ve solunda yol boyunca devam eden eğimli düzlüğün içi su doluydu. Bu suyun kenarında çeşit çeşit kuş duruyordu, Kuşlar, gelmekte olan baharın muştucularıydı.

Dağ güvercini, sevincini bölen sese döndü. Yoldaki taksiyi gördü. Hemen havalandı. Yavaş gitmekte olan taksiyi takip etti. Kanatlarına yüklendi. Havanın ayazına aldırmadı. Bir süre sonra taksi iyice yavaşladı ve durdu. Güvercin de taksinin üstünde, oldukça yüksekten süzülmeye başladı, taksiden kimse inmiyordu. Kuzeyden güneye uzanan ve kimi yerde keskin uçurumlar oluşturan, yüz metre kadar sonra da Alız Nehri'yle kucaklaşan dik bayıra kadar uçtu. Alız Nehri'nden sonra aynı bozkır büyük dalgalar oluşturan bir deniz gibi uzaktaki dağlara kadar uzanıyordu. Alız Nehri taşmış, yatağından çıkmaya başlamış ve neredeyse Alız Köprüsü'nü yutacak gibi olmuştu. Güvercin, nehrin ve köprünün üzerinde bir şey göremedi. Birkaç tur attıktan sonra tekrar taksinin bulunduğu yere döndü. Taksi ağır ağır ilerliyordu. Güvercin de onun üstünden uçmasını sürdürdü. Asfalt yol, köprüden sonra beş altı kilometre daha görünüyordu ve yüksek tepelerin arasında kayboluyordu. Güvercin uçmayı, uçarken de genişleyen daireler çizmeyi bırakmıyordu. Alız Nehri bulanıktı. Köpürüyordu. Güvercin, taksinin köprüye yaklaşınca, bayırda durduğunu gördü. Yavaşladı, ileriye baktı. Alız Köprüsü'nün hemen yanında sağa kıvrılan tali yolu fark etti. Biraz daha yükseldi ve bu yola baktı uzun uzun. Tali yol ile Alız Nehri arasında tarlalar vardı. Tarlalar ile Alız Nehri arasında da nehir boyunca sıralanan söğütler gördü. Tali yolun üst tarafında ise irili ufaklı tepeler vardı. Güvercin köprünün soluna baktı sonra. Bir elma bahçesi gördü. Bahçenin kısa kenarlarından biri, asfalt yola; uzun kenarlarından biri de Alız Nehri'ne paraleldi. Bahçenin nehirden yana olan duvarı taştandı. Bu duvar ile nehir arasında büyük büyük söğüt ağaçları nehrin üzerine uzanıyordu. Söğütlerden biri nehrin ortasına kadar bir köprü gibi uzanmıştı. Bu söğüdün hemen yakınında küçük bir kulübe gördü güvercin. Oraya doğru uçtu. Bir duvarını nehre, bir duvarını kavaklara, üçüncüsünü de elma bahçesine vermiş olan bu kulübe çamurdan, kerpiçten yapılmıştı. Kulübenin önünden geçip elma bahçesini ikiye ayırdıktan sonra birkaç kilometre ötedeki Elmalı Köyü'ne uzanan patika yolun üstünden uçtu. Geri döndü. Elmalı Köyü'ne gitmekten vazgeçti. Köprüye döndü. Taksiden inen adamları gördü. İyice yaklaştı. Onlara baktı, üç adam da iri yarıydı ve yanlarında da kuşçu bir köpek vardı. Adamların tüfekli olduğunu fark edince biraz daha yükseldi. Adamlardan ikisi zayıf, biri de şişmandı. Üçü de avcı kılıklıydı. Şişman olanın sırtında çanta vardı. Köpek bunun yanından ayrılmıyordu. Adamlar yan yana yürüyordu. Köprüye iniyorlardı. Taksi hareket edince güvercin de ani bir dönüşle güneye yöneldi.

Dağ güvercini, koşarak nehre ulaşmaya çalışan bir kadın gördü. Yön değiştirdi. Çamurlarla boğuşan, tarlaya batan, çıkan kadından gözlerini alamadı. Bu Deli Fadik'ti. Telaşlıydı. Heyecanlıydı. Deli Fadik, ince, uzun boyunlu, orta boylu, esmer, ela gözlüydü. Dışarı çıktığı zaman eski püskü elbise giyer, yüzüne çamur sürer, eline boyu kadar bir değnek alır. Sırtına bir çanta geçirirdi. Onu tanımayanlar bir dilenci sanırdı. Oysa o kendisini korumak için tedbirli oluyordu, böyle giyinmekle, böyle yapmakla... Güvercin, sanki birilerinden kaçıyormuşçasına acele eden ve sürekli nehre doğru gitmeye çalışan Deli Fadik'i izlemek istedi. Bu yüzden küçük daireler çizerek onun üstünde uçtu. Deli Fadik, nehrin kıyısına inmeye çalışıyordu. Sırt çantasından dolayı zorlanıyordu. Deli Fadik'in gözleri Alız Köprüsü'ndeydi. Köprünün üzerinde gördüğü adamların kendisini görmesini istemiyordu. Bu yüzden bazen tarlanın birinde bir top olup duruyor bazen de bir tarlaya uzanıyordu. Sonra aniden ayağa kalkıyor ve bir tepeye kadar koşuyordu. Güvercin onun baktığı yeri anladı. Hemen köprüye uçtu. Dolandı durdu. Ne adamları ne de taksiyi gördü. Şaşırdı. Tekrar Deli Fadik'i bıraktığı yere döndü. Onu gördü. Biraz daha alçaldı. Deli Fadik kendisini aniden yere atınca, öylece durunca güvercin, az önce göremediği adamları gördü. Alız Nehri'nin kıyısındaydılar, Alız yolundan yana. Kasketlerini gözlerinin üstüne kadar indirmişlerdi. Tüfeklerini de ellerine almışlardı. Güvercin çok yüksekten onlara yöneldi. Şişman adam bir sigara yaktı. Diğer adamlar köpeği de yanlarına alarak Deli Fadik'in elma bahçesine yöneldi. Güvercin elma bahçesine girenleri kaybedince şişman adamın tepesinde dolaşmaya koyuldu, daireler çizerek. Şişman adam yarım kalan sigarayı nehre attıktan sonra Alız yoluna girdi ve yürümeye başladı. Güvercin ne yapacağını bilemedi. Bir süre öylece dolaştı durdu. Sonra aniden Deli Fadik'in yüzüstü uzandığı tarlaya uçtu. Fadik ayağa kalkmış, olanca gücüyle koşmuştu bile. Önünde küçük bir tepe vardı. Köpeğin sesini işitince bu tepeye gizlendi. Bekledi. Nefes nefeseydi. Terlemişti. Bir ara tepesinde dolaşan güvercine baktı. Eliyle uzaklaşmasını işaret etti, güvercin biraz daha aşağıya indi. Deli Fadik, nehrin öbür tarafındaki adamlara baktı, onları göremedi. Köpeğin de sesi kesilmişti. En çok avcı köpeklerinden korkuyordu. Kokusunu alan köpekler yerini avcılara gösteriyordu. Güçlükle kurtuluyordu onlardan. Bu üç adam kendisiyle birlikte olmak için gelmiş olabilirlerdi. Her yerde kendisini arıyorlardı Fadik'e göre. Kuşkulanmakta haklıydı, çünkü avcıların çoğu onun kapısını zorluyordu. O da, avcılardan güçlükle kurtuluyordu. İçinde deprem oluyordu. Korkuyordu. Kirli, uzun ve birbirine yapışmış olan saçlarını örten eşarbı düzeltti ve ayağa kalktı. Bakındı sol ayağındaki çorap topuğuna kadar inmişti. Lastik ayakkabılarının içlerine bile çamur dolmuştu. Elbisesinin uçları da çamurluydu. Rengi solmuş kabanın yakasındaki tüyler de dökülmüştü. Böyle durumlarda Deli Fadik, kulübesinin karşısında ve nehrin bu tarafındaki kocaman çınara kadar gizlice geliyordu. Söğütlerin arasındaki çınar, onun gizli sığınağıydı. Çınarın gövdesinin içi boştu. Zamanla çürüyen, kuruyan gövdenin içini Arif temizlemişti. Çınarın gövdesini bir kuyu gibi yapmıştı. Dalların arasına da leylek yuvası yerleştirmişti. Leylek yuvasının altı yoktu. Bir de merdiven yapmıştı Arif. Deli Fadik, kendisiyle birlikte olmak isteyenlerden kaçtıktan sonra çınara çıkıyor, leylek yuvasının içinden çınar ağacının gövdesine iniyordu. Bağdaş kurup oturabiliyordu Fadik. Sığınağında elbiseleri, geceyi geçirmek zorunda kaldığı zaman battaniyesi ve uzun bıçağı vardı. Uykusu gelmediği zaman cebindeki mumlardan birini yakıp oturuyor, geleceğe dair hayaller kuruyordu. Kimi zaman da Arif ile birlikte tek vücutmuş gibi birbirine sokularak oturuyorlardı, kucak kucağa... Tehlikenin geçtiğini anladıktan sonra sığınağından çıkıyor ve kulübesine dönüyordu.

Deli Fadik hem yürüdü hem de güvercine: "Çoktandır seni ve onları izliyorum" dedi, "hiçbiri tüfeğini sana doğrultmadı, şaştım! Oysa avcılar kendilerini ispatlamak için bir serçe kuşuna bile ateş eder. Bir şey anlamadım onlardan! Sana ilgisiz kalmaları içime ateş düşürdü. Kendi kendime kuruntu yaptım, benim için burada olduklarını düşündüm ama yanılmışım. Çünkü beni kendileriyle hemen yatacak bir kadın olarak gören yeniyetmeler, çobanlar, avcılar ve sözde avcılar gibi değil bunlar! Çok garipler, çoook! Ama ben yine de tedbirli olmak zorundayım güzel güvercin, çünkü ağzım sütten yandı, yoğurdu üflemezsem, kendime inancım kalmaz sonra!

"Yaşadığım onca olaydan sonra, elma bahçesindeki kulübe de yaşamaya karar verdiğim duyulunca rahat yüzü görmez oldum. Tüfekle, bıçakla kendimi korudum. Ama bazen de uykumun en derin yerinde kapım yumruklanmaya, kırılmaya başlandı. Ne yapacağımı bilemedim. Bazen Arif yanımda kaldı. Arif mi? O kocam, dostum, arkadaşım, her şeyim yani! Ama ailesi yanımda kalmasını istemedi. Onlara boyun eğdi. Beni bıraktı. Çoğu zaman gizli gizli yanıma gelir, para verir, beni uzaktan uzağa gözetir ve gider. Beni koruyor kendince biliyor musun?

"Kapıma dayananlardan, kulübeme zorla girmek isteyenlerden kurtulmak için çok düşündüm, bir akşam Arif'e bunun için ne yapabileceğimi sordum. Hemen bir çare bulduğunu söyledi. Çok sevindim. Çünkü kulübeme girmek isteyenlerden, kapımı gece yarısı kıracak olanlardan namusumu da canımı da kurtaramayacağımı biliyordum. Önerisini istemeye istemeye kabul ettim.

"İlçeden tahta getirdi Arif. Kulübenin arkasına birlikte taşıdık. Fırsat buldukça geldi. Çalıştı. Dört metre uzunluğunda ve bir metre kare genişliğinde dikdörtgensi bir tünel yaptı. Tahtaları yanık yağ ile boyadı dıştan. Bu tahta tüneli kulübenin arka duvarına yanaştırdı. Diğer ucunu da nehrin içine koydu. Sağlamlaştırdı. Üzerini de naylonla, toprakla iyice örttü, Dışarıdan bakıldığı vakit tünel olduğu anlaşılmaz hiç. Tünelin ağzı genişlikte açtığı boşluğa da kulübe içinden dört raflı bir dolap yerleştirdi. Bu tünelin duvar bağlantısını da sıvadı. Mutfak dolabına benzeyen raflı dolap seyyardı. Bir tarafı menteşe ile kasaya monte edilmişti. Çaydanlığımı, bardaklarımı ve çayımı koydu bir rafa, diğerlerine de tabaklarımı... Neye yarayacak diye düşünüyordum. Raflı dolabı çekti kendisine doğru, tünelin karanlık ucu göründü. Yere uzandı. Önce ayaklarını tünelin içine soktu, geri geri gitti gözden kayboldu. Dolabı çekip sürgülemişti. Bana seslendi. Söylediğini yaptım. Dolap açılmıyordu. Tehlikeyi atlatıp tekrar kulübeye döndüğümde aynı yolu kullanabilmem için arkadaki sürgüyü açmam gerekiyordu. Tünele, kulübenin arkasında elimi koyup sürgüyü açabileceğim gizli bir kapak da yapmıştı. Kapak fark edilmesin diye de köyden teneke içinde getirdiği birkaç yapraklı fidanla kamufle etmişti... Görünüşte duvara oyuktan boşluğa yerleştirilen bir mutfak rafıydı. Yavaş yavaş anlamaya başladım, ama korkmadan da edemedim! Arif tekrar kulübeye döndü. Gülüyordu. Şaşkınlıktan küçük dilimi yutacaktım.

'Bu iyi güzel de,' dedim, 'kapıma dayananlar kapıyı kırıp içeri girene kadar ben senin yaptığın gibi tünele indim ve dolabı çekip sürgüledim, diyelim. Beni arayanlar ya bu dolabı merak edip sökerlerse, beni görürlerse ben ne yaparım sonra?'

'Kolayı var,' dedi Arif, 'onlar bunu akıl edemez, ya diyelim ki akıl ettiler. Dolabı söktüler ve senin burada saklanmış olduğunu bildiler. Geri geri gitmeye, nehre girip karşı tarafa geçmeye çalışacaksın. Bundan kolay ne var senin için, balık gibi yüzüyorsun. Çınarın gövdesine girer saklanırsın. Orayı da yaşayacağın hâle getiririz olur biter!'

'Aklım almıyor, olacak şey mi bu Arif?' dedim.

'Şimdilik yapacağın bu, başka çaresi yok burada yaşamanın,' dedi.

'Korkumu yeneyim diye, birlikte tünelden geçip nehre girmemizi ve karşıya geçmemizi söyledi. Direnmedim. Başka çarem olmadığını biliyordum. Bunu yapmak zorundaydım. Arif geri geri tünele girdi. Suya ulaştığını, suyun sesinden anladım. Korktum ama yine de tünele girdim. Dolabı çektim. Sürgüledim. Suya ulaştığımızda yüreğim ağzıma geldi. Boğulacak gibi oldum. Arif beni bekliyordu suyun içinde. Birlikte karşıya kadar yüzdük. Elbiselerimizden dolayı güçlükle kulaç atıyorduk. Çınardan epeyi aşağıda karaya çıktık. Tekrar yüzerek kulübeye döndük...

'Elbiseyle zor oluyorsa yüzmen, fırsat bulursan çoğunu çıkar, çınarın içindekileri giyersin,' dedi Arif.

"Tünelden nehre inmem o kadar kolay olmadı güzel güvercin."

Güvercin yükseldikçe yükseldi, gözden kayboldu. Deli Fadik, sığınağına girdi. Elbisesini değiştirdi. Saçlarını kurutmaya başladı. Kendi kendisine: "Benim için gelmişlermiş, benimkisi de amma kuruntu canım. Avlanmak için de gelmiş olamazlar! Niyetleri nedir acaba? Aradan bunca zaman geçti, bir tek tüfek sesi duymadım, niçin? Köpek olmasaydı yanlarına kadar sokulurdum, izlerdim onları, öğrenirdim niyetlerini. O köpek elimi ayağımı bağlıyor! Hava da bıçak gibi kesiyor. Yağmur yağacak gibi. Rüzgâr esiyor. Üşümüşüm. Gözlerimi yumsam uyuyacağım! Yorgunum! Ama uyursam Bora öğretmeni göremem, sahi onu nasıl unuttum!

O adamlar! Bora öğretmen! Köye gitti mi acaba? Beni göremediyse... Niçin gitmesin ki, niye beklesin ki beni... Yoksa? En iyisi bir an önce buradan çıkıp onu beklemeliyim! O adamlar... Canları cehenneme be!" dedi. Hemen çınardan çıktı. Nehir kıyısından koşarak köprüye ulaştı. Köprünün üzerinde durdu. Önce ilçeden, sonra da uzaklardaki yüksekçe tepelerin arasında kaybolan yola baktı. Alız'a döndü. Nehir kıyısındaki söğütlere, kavaklığa ve pusu tepesine baktı. Köprünün üzerinden buralar görünüyordu. Adamları göremedi. Kulak verdi, köpeğin sesine, onun sesini işitmedi. Koşarak elma bahçesine gitti. Usulca bahçeye girdi Yapraklarını dökmüş olan elma ağaçlarının arasından baktı, buraya giren adamları göremedi. Biraz daha ilerledi Elmalı'ya doğru. Bir şey yoktu. Ses de... Kederlendi. Sıkıldı. Kulübeye geldi. Kapıyı açtı, içeri girdi. Kapıyı sürgüledi. Kapıya yaslandı. Yaşadığı yere baktı uzun uzun. Sağında, kapıya yakın birkaç tencere, solunda tahtadan bir sedir, üstünde de yatağı vardı. Kapının karşısındaki duvarda, gazeteden kesilmiş dört erkeğin fotoğrafı asılıydı. Bunlar, Deli Fadik'in ağabeyleriydi. Gözlerini ağabeylerinin fotoğraflarından alamadı bir süre. Fotoğrafların hemen yanında da tahtadan yapılmış bir askılık, askılıkta da elbiseler asılıydı. Yan tarafta küçük bir masa, masanın üzerinde de yiyecekler vardı. Deli Fadik'in karşısındaki duvarda, tabana yakın, tünelin girişini gizleyen raflık vardı. Sedire oturdu. Kapıda asılı duran tüfeğine çevirdi gözlerini. Kendi kendine: "Deli Fadik," dedi, "bu adamların işi seninle değil. Niçin kurtlandın ki? Seni, köyünün, çevre köylerin yeniyetmeleri, yaşlı avcıları, kansız çobanları rahatsız eder. Bunlar, belki de buranın yabancıları, olamaz mı? Seni tanıyanlar, yalnız ve kimsesiz olduğunu bilenler, sabah akşam kapına dayanır. Zorla güzellik olmazmış, dinlemezler. Nefislerini sende söndürmek isterler. Şimdiye kadar dayandın da ne oldu? Ne kazandın? Daha bir inatlaşıyorlar, daha bir bileniyorlar, daha da çoğalıyorlar. Çözüm mü yaptıkların? Kapıyı kıracaklarını anladığında tünelden nehre inmen, nehirden geçerek çınara sığınman daha ne kadar sürecek? Nehre bıraksan kendini, assan ya da daha iyi olacak belki de. Seni hayata bağlayan nedir? Daha ne bekliyorsun böyle rezilce yaşamak hoşuna gidiyor, niçin? Yanıtlayamadığın ne çok soru var içinde. Seni hayata bağlayan pamuk ipliği bile değil oysa... Onca acıya, kötülüğe ve zorluğa karşın seni ayakta tutan nedir? Sadece bir gün intikam almak mıdır? Bazen Elmalı'ya gidip kanlılarının damlarını, kapılarını taşlamak mıdır? Yoksa Bora öğretmen mi? Bir tek cümlesini okumadığın hâlde ondan niçin kitap istiyorsun, söyler misin? Sadece bir daha görmek için onun parıltılı gözlerini... Gerçekten de delisin. Deli olmasan, bu kulübeye mahkûm olmuş, felaketler yaşamış biri olarak bir şey ummazsın. Deli olma, böyle düşünmen bile yanlış. Olmayacak duaya âmin demek gibi bir şey bu. Biliyorsun da... Başkası için çabalayan biri o. Ama ne yapsa, ne söylese kimseye yaranamıyor. Niçin? Ya bana yakınlık göstermesine, yardım etmesine, benimle ilgilenmesine ne demeli? Felaketlerin nedeni olan beni daha yakından tanımak için mi yapıyor bunları? Bilmiyorum. Ama bildiğim, bana insanca yaklaştığıdır. Öğrendim ki bir kadının bir kadın arkadaşı gibi erkek arkadaşı olabilir, Bora öğretmen bunu gösteriyor. Hepsi bu işte...

"Kültürlü, bilgili, okumuş adam... Benim gibi bir cahilde ne bulabilir ki... Yalnızca acıyor, bu yüzden yardım ediyor, konuşuyor benle. Ya gözleri, içimi ısıtan, gözlerini nasıl unutabilirim. Oturmuş da neler düşünüyor, konuşuyorsun be kalk saçını tara, yüzünü yıka. O adamları bul. Bora öğretmen ya geldi ya da gelmek üzeredir, onun gözlerinden, güzel sözlerinden mahrum bırakma kendini. Evet, o adamlar! Bora için gelmiş olamazlar mı? Niçin mi? Ne bileyim ama içimde öyle bir duygu var ki... Neden hiç akıl etmedim bunu, adamlar belki de Bora öğretmeni... Bir an önce bulmalıyım Bora öğretmeni, bir kuruntu da olsa... Adamlar onu vurmak için gelmiş olabilir. Neredeler acaba? Tüfeklerinden bir ses çıkmadığına göre gitmiş de olabilirler ama!"

Daha fazla kulübede durmadı. Şöyle bir yüzünü yıkadıktan, saçını taradıktan ve yeni eşarbını bağladıktan sonra kulübeden çıktı. Koşarak Alız yoluna girdi...

7

"Alızlı Vahap! Merhaba, geçmiş olsun!"

Uzun boylu, hafif kambur, kır saçlı, yüzü güneş görmemiş, soluk benizli, buğday tenliydi Vahap.

"Nihayet tanıştık," dedi, "siz Bora öğretmen olmalısınız! Çok sağ olun! Oturun hele, iki çift laf edelim. Bir çayımı için."

"Aslında," dedi Bora öğretmen, "sizinle uzun uzun konuşmayı çok istiyorum ama Alız'a dönüyorum, minibüs kalkmak üzere, Alızlılardan sizin burada kalacağınızı ve yarın köye döneceğinizi öğrendim! Yazık, birlikte dönseydik yol boyunca konuşurduk."

Vahap: "Biliyorum," dedi, "benim yüreğimi yakan acılar, sizi de yakıyor. Ama ne yapabiliriz ki dostum, iş olacağına varıyor sonunda! İnsanları, sözle yola getirmenin güçlüklerini iyi bilen birisiyim. Her benzetme hatalı ama bir musibet bin nasihatten iyidir diye bir söz var; işte sonucu ne olursa olsun, kime zarar verirse versin, engellemeye çalıştığın şeyi, ancak böyle bir 'musibet' durdurabiliyor diye düşünüyorum! Sizin gönderdiğiniz mektuplardan çok yararlandım. Çabanızı da saygıyla karşılıyorum, her şeye rağmen hayat devam ediyor, o kadar üzülmeyin lütfen."

Bora öğretmen: "Nasıl üzülmeyim," dedi, "işin ucunda Hüseyin var, siz varsınız!"

Muavin, Bora öğretmeni uyandırınca, Bora öğretmen şaşırdı, heyecanlandı. Gözlerini açtı, sağa sola baktı. Muavinle göz göze geldi. Muavin, "yol ayırımına geldik hocam!" dedi. Sonra minibüsten indi. Çantasını bir eline aldı. Minibüs hareket ettikten sonra, Deli Fadik'in kulübesine baktı. Hava ayazdı. Yağmur yağacak gibiydi. Gri ve kara bulutlar gruplar halinde gökyüzünde kucaklaşıyorlar, dövüşüyorlardı. Hafiften başlayan rüzgâr hızını arttırıyordu. Bora öğretmen, yürümesi gereken yolun çok uzun olduğunu biliyordu. Bu yüzden kulübeye gitmekten vazgeçti. Vakit oldukça geçti. Yürürken kendi kendine;

"Oysa" dedi, "Fadik ben arabadan iner inmez yanıma gelirdi.

Niçin gelmedi acaba? Ona bir şey mi oldu? Kulübesine gitsem mi? Aramızda hiçbir şey olmadığı hâlde bir sürü yalan uyduruyorlar. Yeterince derdi var, bir de bunlarla üzülmesin diyorum ama, elin ağzı durmuyor ki. En iyisi Alız'a bir an önce gitmek. Rüzgâr hızlanıyor. Sözde bahar ama burada kış bahara da sarkıyor! Hava kurşun gibi ağır... İçim bir tuhaf. Başımın ağrısı da geçmedi. Belki de Elmalı'ya gitti. Hasta olmasın, başına bir şey gelmesin de varsın beni beklemesin, ne çıkar! Onu niçin bu kadar önemsiyorum ki? Çektiği acıları öğrendiğimden mi, her şeye ve herkese rağmen bir yol tutturmuş olmasından mıdır bilemiyorum!"

Bora öğretmen, birkaç kere daha döndü baktı elma bahçesinden ve kulübeden yana. Onu göremedi. Bulutların kavgası büyüyor, sesleri yeri göğü inletiyordu. Hızlı adımlarla yürüyordu. İlk tepeyi aştı. Kulübe de, bahçe de görünmez oldu. Durdu. Çantasından atkısını, şapkasını çıkardı. Atkıyı boynuna doladı, ağzını, burnunu sardı iyice. Şapkayı da gözlerinin üstüne indirdi. Paltosunun yakasını yukarı kaldırdı. Eldivenlerini ellerine geçirdi. Çantasını eline aldı. Adımlarını hızlandırdı. Biraz ilerlediki kavaklığa ve pusu tepeye baktı. Tepe solundaydı. Kavaklık da sağında... Garipleşti. Titredi. Gözlerini kavaklıktan ve pusu tepesinden alamadı. Adımlarını yavaşlattı. Sonra pusu tepedeki 'pusu'ya çevirdi gözlerini. 'Pusu'yu görüyordu. Sanki içinde biri vardı. Kendi kendine: "Bugünlerde sana bir şey oldu Bora," dedi, "korkuyorsun! Küçücük bir serçe havalansa ya da bir tilki aniden geçse önünden yüreğin ağzına geliyor. Taşvan korkaklığı, güvercin ürkekliği sarıp sarmaladı seni iyice. Oysa sen alanlarda hep öndeydin. Yürüyüşlerde de. Bir yerlerden üzerinize ateş edilirken de... En yakın arkadaşların gözlerinin önünde düştü. Kantinde, sınıfta, salonda, koridorda onlarca kişinin saldırısına uğradın. Bir kurşun kalemle bir sürüye karşı direndin. Bunlar yalan mı oldu? Yıllardır, aylardır önünden geçtiğin kavaklık ve pusu tepesinden gözlerini ayıramıyorsun, niçin? Hayal görüyorsun. Buralar eskiden olduğu gibi."

Ama her şey birdenbire oldu.

Önce pusu tepesinden, hemen ardından da kavaklığın içinden ateş edildiğini duydu. Duymasıyla birlikte yola yüzükoyun devrilmesi bir oldu. Çantası, şapkası birkaç saniye havada takla attıktan sonra ondan uzağa düştü. Pusu tepeden gelen kurşun sağ boşluğuna girdi. Kavaklıktan gelen de sağ kolunun pazu kemiğini kırdı. Yine kavaklıktan atılan başka bir kurşun ise sol ayağını, üçüncüsü de sol omzunu buldu. Yola yüzükoyun devrildiği anda da bilincini yitirdi. Müthiş bir karanlık Bora'yı sardı.

8

Zülfü çok heyecanlıydı. Yerinde duramıyordu. Düşünüyor, gözlerini Hüseyin'in geleceği yönden ayıramıyordu. Gözleri iki korku çiçeği olmuştu. Üşüyordu, ama aldırmıyordu. Yere çömeldi. Bir sigara daha yaktı. Uykusuzluğa dayanamayan gözleri kepenk indirdi.

Daldı...

"Hayırdır Bora öğretmen," dedi Zülfü, "seni hangi rüzgâr attı buraya?"

Bora öğretmen: "Hüseyin'in rüzgârı beni buraya attı!" dedi.

Zülfü atıldı, heyecanlanmıştı: "Hüseyin'ime bir şey mi oldu yoksa?" diyerek sordu.

Bora öğretmen: "Ona bir şey olmadı ama," dedi, "yakında olacak, sayende."

Zülfü: "Bora öğretmen," dedi, "senin gibi tahsilli değilim, benim anlayacağım dilden ve açık konuş ne konuşacaksan! Lafı evirip çevirme!"

Bora öğretmen: "Peki dediğin gibi olsun," dedi, "Hüseyin, okula bıçakla geliyor. Bu kadar olsa iyi, Duranalilerin düvesini bıçaklamış!"

Zülfü: "Alızlıların uydurmasıdır," dedi, "bu yalan!"

Bora öğretmen: "Senin oğlundan duydum, ballandıra ballandıra anlattı!"

Zülfü, ne yapacağını, ne söyleyeceğini bilemedi önce. Sonra öfkelenip: "Bak öğretmen," dedi, "üzerine vazife olmayan işlere karışma!"

Bora öğretmen: "Bak suçlu olduğundan bana saldırıyorsun," dedi, "Alız'da senin Hüseyin'i ne için böyle başıboş bıraktığını ve eğittiğini bilmeyen yok, ben de biliyorum. Bu sana ve Hüseyin'e..."

Zülfü bağırarak: "Sen kendi işine bak, tamam mı!" dedi.

Bora öğretmen diretti: "Hüseyin'i zehirlemene izin vermeyeceğim!"

Zülfü: "Bak öğretmen," dedi, "işimize karışma! Dağlarda yaşıyorum ama her bir şeyden haberim var! Alız'da ikilik yaratmak sende! Alızlıların huzurunu bozmak da öyle... Çocukları da zehirliyorsun, o... şey düşüncelerinle! Daha hangi suçunu söyleyeyim senin! Alına-

cak öcümüz, kanla yıkanacak lekemiz var alnımızda, biliyor musun? Alız'ın en usta atıcısı benim! Herkes böyle bilir böyle söyler! Koyunlarım, çocuklarım ve karım var! Bunların hiç birisi de bensiz yapamazlar! Ama Hüseyin bir sabi! Atik, atıcı ve kararlı üstelik! Böyle kaç çocuk var Alız'da? Fazla bir ceza almaz! Adamlarımız da var sonra, kısa zamanda çıkarttırırlar oğlumu."

"Vazgeç bundan," dedi yalvararak, "bu düşünce, bu akıl doğru değil!"

"Vazgeçmem," dedi, "bizi Alız'da, yarı boynu bükük de olsak, gezdiren şey ondan öcümüzü alacağımız gerçeğidir. O gün bir gün gelecek ve..."

"Sen akıllı adamsın Zülfü," dedi, "Vahap çekti cezasını, yetmez mi?"

"Yetmez!" dedi.

"Hüseyin'i düşün!"

Zülfü: "Kanunun cezası," dedi, "alnımızdaki kara lekeyi silemiyor ama!"

Bora öğretmen: "Büyüklük sende kalsın bari!" dedi, "bağışla!"

Zülfü: "Vahap'ı mı, asla!" dedi. Kararlıydı.

Bora öğretmen: "Öldüren de ölür ama unutma!" dedi, "Kan, kan ile yıkanmaz!"

Zülfü: "Kendini hiç yorma öğretmen," dedi.

Bir ses duydu. Rüyadan uyandı.

Hemen ayağa fırladı. Çevresine baktı. Hüseyin'i gördü. Güldü. Sevindi. Bora öğretmenli rüyayı unuttu hemen. Onu attan indirdi. Kokladı. Öptü. Bağrına bastı. Hüseyin babasına bakamıyordu. Korkmuştu. Yüzü bembeyazdı. Sonra onu bıraktı. Onun etrafında dönmeye başladı. Ellerini iki yana açmıştı. Hüseyin bir yontu gibi duruyordu. Önüne bakıyordu. Üşüyordu. Titriyordu. Yorgundu. Zülfü oğlunun çevresinde dolanırken: "Tamam mı Hüseyin'im?" diye sordu.

Hüseyin yanıt vermedi.

Zülfü: "Görsünler, duysunlar," dedi, "analar ne evlat doğururmuş! Babalar da nasıl adam edermiş! Tamam mı koçum? Geçti, bitti, üzülme!"

Hüseyin, yalnızca düşünüyordu. Öylece duruyordu.

"Duyun dağlar, taşlar, ağaçlar," dedi Zülfü, iki kolunu iki yana açarak, olanca gücüyle bağırarak, "duyun, Hüseyin büyümüş de dedesinin kanını sormuş Vahap itinden! Alız, dünya duy artık! Lan heykel gibi durma, bir şey söyle!"

Hüseyin'in önünde diz çöktü. Tapınır gibi yaptı birkaç kere. Onun üşüyen, titreyen bedenini kucakladı. Yüzünü, gözlerini tekrar öptü.

Zülfü ona: "Konuş be Hüseyin'im," dedi, "korkma yanımdasın, oldu mu? Vahap'ı yere serdin mi koçum?"

Hüseyin: "........"

Zülfü: "Tam pusu tepesinden..."

Hüseyin: "........"

Zülfü: "Söylediğim gibi..." dedi.

Hüseyin:"........"

Zülfü: "Bora öğretmen de var mıydı?" diyerek sordu.

Hüseyin: "Yok! Yalnızdı" dedi.

Zülfü: "Şükür," dedi, "konuştun sonunda. Dilin açıldı ya, seni kan tutmuş herhalde diye düşünmekten beni kurtardın ya ne güzel, ne güzel biliyor musun?"

Hüseyin: "........."

Zülfü: "Düştü mü, düştü mü yere?" dedi.

Hüseyin, başıyla düştü imi yaptı.

Zülfü: "Hadi," dedi, "gidelim artık, hava iyice soğudu. Gel seni atına bindireyim. Ne kadar da ağırmışsın be!"

Hüseyin: "..........."

Zülfü: "Korkma korkma," dedi, "babana güven, seni kurtaracağım! Adamlarım var, avukatlar, koyunlarım var! Dereköy çok uzak oğlum, sür atını ve iyi tut kendini, karanlık oluyor yavaş yavaş!"

9

"Zeynel! Aç kapıyı aç!"

"Geldim, geldim!"

"Zeynel ölü müsün be!"

"Allah Allah, kimsin; bu saate ne istiyorsun?"

"Tertibin Zülfü sesimi almadın mı Zeynel, Alız'danım. Bildin mi?"

"Bildim bildim! Kapıyı açıyorum!"

"Atlarımız ne olacak şimdi?"

"Bana bırakın onları, içeri girin hele! Bu çocuk da kim?"

"Bu Hüseyin, Zeynel tanımadın mı?"

"Ne bu haliniz? Tüfeklerle baskına mı geldiniz ava mı, söylesene? Kadın uyandın mı, gel misafirleri karşıla, lamba da getir, atları ahıra götüreceğim!"

Zeynel'in karısı Zülfü'ye ve Hüseyin'e yol gösterdi. Onları bir odaya götürdü. Hemen sobaya odun, kömür koydu. Soba bir anda alev aldı ve yandı. Oda yavaş yavaş ısınmaya başladı. O sırada Zeynel odaya girdi. Karısına sıcak bir tarhana pişirmesini söyledi. Kadın söyleneni yapmaya gitti. Zeynel, Zülfü'nün yanına oturdu. Hüseyin'e baktı uzun uzun. Hüseyin, gözlerini açamıyordu. Uyuyordu.

Zeynel: "Bu vakitte buraya niçin geldiniz Zülfü," diyerek sordu, "bu çocuk hasta mı, neden rengi sapsarı?"

Zülfü: "Onun bu hâli," dedi, "biraz yorgunluktan, biraz da korkudan ve yolculuktan olsa gerek!"

Zeynel: "Pek bir şey anlamadım," dedi, "ama ikiniz de iyi görünmüyorsunuz? Siz bir şeyden kaçıyorsunuz, olan olmuş artık hiç saklama benden!"

Zeynel'in karısı bir tepsinin üzerine koyduğu, bir çanak tarhana çorbası, iki kaşık, bir tandır ekmeği, yarım kuru soğanı onların önüne bıraktı. Hüseyin, gözlerini açtı.

"Bir şey yemesem de," dedi, "uyusam!"

Zeynel'in karısı: "Kusura bakmayın artık," dedi, "Allah ne verdiyse yiyin. Bu arada yataklarınızı da getiririm, sonra da çocukların yanına geçeyim, çünkü uyanırlarsa kıyameti koparırlar."

Zeynel: "Tamam," dedi, "git bir an önce yatakları getir, ser! Bak Hüseyin uyuyor bile!"

Kadın odadan çıktıktan sonar Zülfü, usulca: "Hüseyin," dedi, "Vahap'ı vurdu."

Zeynel şaşırdı. Heyecanlandı. Ne yapacağını bilmedi. Tüfeğini sıkıca tuttuğu halde uyuyan Hüseyin'den gözlerini alamadı.

"Bu, bu sabi mi yaptı bunu?"

Zülfü: "Evet" dedi.

Zeynel: "Ne diyorsun sen Zülfü," dedi şaşkın şaşkın, "sözünde durduğunu mu söylemek istiyorsun, bu olacak iş mi şimdi?"

Zülfü: "Zeynel," dedi, "hiç olmazsa sen yakma beni... Zaten!"

Zeynel: "Şu zavallı, bitkin ve kendinde olmayan çocuğu," dedi, "kullandın sonunda demek, amacın, kinin için?"

Zülfü: "N' olur sus!" dedi.

Zeynel: "O çoktan uyudu," dedi, "baksana top atsan uyanmaz artık."

Zeynel'in karısı önce iki döşek, ardından da iki yorgan getirdi. Sobaya yakın serdi. Hüseyin'in üstünü çıkardı. Yatağın birine koydu.

Üstünü örttü. Giysilerini başucuna bıraktı. Odadakilerden izin isteyip gitti, Zülfü içinden gelmese de çorbadan içmeye başladı. Zeynel de sobaya odun ve kömür getirip koydu. Sonra da arkadaşının karşısına oturdu.

"Şimdi," dedi Zülfü, "de ki korkudan, de ki evlat acısından ama bir şey yakıyor şuramı. Yoldaki sevincim, yoldaki Zülfü uçup gitti! Dilim dönmez, gücüm yetmez anlatmaya bugünü! Ne yaparım ne ederim, hep düşünürüm şimdi! Kanlı canlı pusuya bıraktığım oğlum semeleşmiş geldi yanıma. Bizim dünyamıza ait değilmiş gibi."

Zeynel sordu: "Ne bekliyordun yani? Niçin daha önceden?"

Zülfü: "Ah şu andaki aklım olsaydı," dedi, "Hüseyin'imi yakar mıydım? Artık ok yaya dönmez ki? Bir süre evinizde kalsın, Evden avluya bile çıkmasın. Kimse onun burada olduğunu bilmesin. Tez zamanda bir çare bulayım olur mu?"

Zeynel: "Kalsın kalmasına ama," dedi, "hiç iyi yapmamışsınız!"

Zülfü: "Artık daha fazla konuşmanın bir anlamı yok Zeynel'im. Şafakla birlikte Alız'a döneceğim. Bu yüzden oturalım biraz daha ve zahmet olmazsa birde çay koyalım sobaya olmaz mı?"

Zeynel: "Sen nasıl istersen," dedi, "ne zaman geleceksin, ne söyleyeyim ona, mutlaka soracaktır seni, değil mi?"

Zülfü: "İyi bir avukat," dedi, "tutacağım önce. Sonra Hüseyin'e faydası olacak adamlarımı göreceğim ve geleceğim. Ona göz kulak ol!"

Zeynel: "Git bakalım," dedi, "güvendiğin dağlara kar yağmasa bari!"

Zeynel, çaydanlık, bardak, şeker getirmeye gitti. Zülfü de Hüseyin'in yanı başında oturup yanağını okşadı. Bu arada gözleri bulutlandı. Yüreği kabardı.

10

"Hüseyin'im, kurbanım! Bu deli babanı dinleme! Kötülüğünü ister miyim senin? Bugün için mi doğurdum seni? Alız bir tuhaf köydür! Seyirlik ister, kötülük ister! Hani okuyacaktın! Hani doktor olacaktın! Adam vurmak, ne yiğitliktir, ne de erkekliktir! Adam vuran dünden ölür! Vuran da vurulur bir gün! Bu çıkmaz sokak, dönüşsüz yol, aç gözünü. Beni dinle, acına dayanamam! Giden gitmiş, çeken çekmiş ektiğini. Vahap'ı vurman dedeni getirmeyecek ki! Alız'ın üstüne uzanan dilini kesmek için seni bıçak yapan babandan uzak dur, uzak dur oğlum! İnsandan bıçak olmaz oğul! Babanın gölgeliği batsın e mi! Baban bir korkak, bir yüreksiz! O seni kullanıyor, anan ölsün mü istiyorsun?"

"Dedemin kanı yerde mi kalsın ana? Ben bir bıçağım, ben bir tüfeğim, bir kayayım artık! Bir okum biliyor musun, yayımdan çıkmışım hedefime, yolumdan döndüremezsin beni!"

"Vahap, dedenden çok korktuğu için, senin kadar bir çocukken bıçaklayarak öldürdü, köpek kavgası yüzünden hem de! Deden aksiydi. Dağ gibiydi. Güçlüydü. Babana uyma, ona inanma!"

"Ne söylersen söyle seni dinlemeyeceğim! Kanunlarda yeri varmış, benim gibi çocuklara az ceza verirlermiş!"

"Böyle mi düşünüyorsun Hüseyin? Git eşeğin oğlu! Ulan bir tek seni mi doğurdum ben! Git, babanın yoluna öl e mi! Git mahpuslarda yat, Vahap gibi olunca çık, Vahap'ın da oğlu sana pusu atsın e mi! Git... Git... Giiiit!"

Hüseyin kan ter içinde uyandı, rüyasının etkisindeydi. Üzüldü. Büzüldü yatağın içinde. Zeynel'in karısıyla göz göze geldi. Odaya baktı babasını göremedi. Heyecanlandı.

Kadın: "Uyandın mı Hüseyin?" dedi.

Hüseyin: "Uyandım yenge!" dedi.

Kadın: "Sen rüya mı gördün?" diyerek sordu.

Hüseyin: "Evet!" dedi, "annemi gördüm rüyamda!"

"Anneler," dedi kadın, "her zaman çocuklarını sever, düşünür."

Hüseyin: "Annem," dedi, "ne beni düşünür ne de sever artık."
Kadın: "Yanılıyorsun," dedi, "annen seni yine de seviyordur."
O sırada odaya Zeynel girdi. Gülüyordu. Hüseyin'in yanında durdu. Ona bakarak: "Günaydın yeğenim!" dedi.
Hüseyin: "Günaydın Zeynel amca!" diye karşılık verdi.
Zeynel: "Bizim kahvaltımızı hazırla," dedi, "çocuklara da söyle artık odaya girebilirler, çünkü Hüseyin uyandı."
Hüseyin: "Babam gitti değil mi Zeynel amca?"
Zeynel: "Evet!" dedi.
Hüseyin: "Peki ne zaman geri gelecek?"
Zeynel başladı Zülfü ile konuştuklarını Hüseyin'e anlatmaya...

"Bora Elagöz (27) dün geç saatlerde Alız köyü yol ayırımından oldukça uzaklıktaki pusu tepesinden ve buranın karşısındaki kavaklıktan yaylım ateşine tutuldu. Alız Köprüsü yakınındaki kulübede yalnız yaşayan Deli Fadik lakaplı Fadime Gül'ün güçlükle ana yola kadar taşıdığı B.E. bir minibüsle hastaneye yetiştirildi. Ancak hâlen hayati tehlikeyi atlatamayan ve bir süre önce ilçemizde de şube açan *Tarım İşçileri Sendikası* ile ilişkili olduğu iddiasıyla hakkında soruşturma başlatılan B. E'yi kimin, niçin öldürmek istediği bilinmiyor."

Topluma Farklı Bakış

3. Bölüm

1

Pancar üreticilerinin temsilcileri ile *Tarım İşçileri Sendikası*'nın temsilcileri, geniş salonun ortasındaki çiçeklerle bezenmiş, dar ve uzun masanın etrafında karşılıklı oturmuşlardı. Masanın dar kenarının birinde hakem olan resmi yetkili vardı. Yanı başında da gözlerini kendisinden ayırmayan bir hizmetli duruyordu.

Pancar üreticileri temsilcilerinin sözcüsü, şişman, uzun boylu, kara yağız bir adamdı. Fötr şapkasını biraz yana eğmişti. Gözlerini sendikacıların sözcüsü minyon bayandan ayırmıyordu.

Bir ara: "Bora öğretmen" dedi, "hastanede değil de burada olsaydı iyi olurdu değil mi?"

"Bora da kim?" dedi, "ne diyorsunuz siz?" diye çıkıştı sendikacı.

"Köylerdeki kolunuz mu," dedi aynı adam, "öncünüz mü, yoksa militanınız mı desem bilmiyorum ki, bunu siz daha iyi bilirsiniz ya, o bakımdan..."

Şöyle bir baktı ona, "Aynı dilden konuştuğumuzu sanmıyorum," dedi, "en iyisi çenenizi yormayın boşuna beyefendi!"

Resmi görevli ayağa kalktı. Hafifçe masaya vurdu, elindeki kalemin arkasıyla.

"Evet," dedi, "toplantımız başlayacak arkadaşlar, lütfen kendi aranızda konuşmayın, sendikacı hanım kızımızla aynı görüşteyim, susun! Şimdi, arkadaşlar; sizlerin önceden bize gönderdiğiniz taleplerinizi içeren dosyalar önümde. Bunları konunun uzmanları inceledi. Bana sundukları rapor, taleplerinizin hiç de akılcı olmadığı yönünde olduğundan sonucu size de bildirdik. Ve bugün anlaşacağınıza inandığımız için sizleri bir araya getirdik. Şimdi, toplumsal uzlaşmanın ve iş barışının sağduyu ile ve karşılıklı ödün vererek sağlanabileceğini aklınızdan çıkarmayın. Allah hayırlı uğurlu etsin bu görüşmemizi." Sonra yanı başında duran hizmetliye, "hadi git söyle pastamız gelsin, içeceklerimiz de, misafirlerimiz tatlı yiyip tatlı konuşsunlar ve tatlı ayrılsınlar değil mi ama!"

Salona giren görevliler, masanın çevresindekilere göre pasta, kola bırakırken, söz sendikacıların temsilcisine verildi. Sendika temsilcisi, gözlerini karşısında oturan işveren temsilcisinden alamadı. Ona dik dik baktıktan sonra da, yavaş yavaş: "Önünüzdeki kâğıtlarda," dedi, "daha önce birliğinize dosya halinde gönderdiğimiz isteklerimizin listesi var. Burada, sizinle aynı masaya oturmamızın nedeni, üyelerimizin temsilcisi olduğumuz içindir. Üyelerimizin insanca çalışma ve emeğine karşılık da gerçek bir ücret alması en doğal haklarıdır. Mevsimlik işçilerin zor koşullarda ve angarya biçiminde çalıştırılması hiç de insanca değildir. Her iş döneminin başında belirlenecek olan yevmiye, onların gereksinimlerini karşılayabilecek düzeyde olmalıdır. Aslında sorunlar o kadar çok ki hangisinden başlayacağımı bilemiyorum. Ama yine de bazı önemli konuların altını çizmek istiyorum.

"Mevsimlik tarım işçileri hangi işlerde olursa olsun, gündoğumundan, günbatımına kadar çalıştırılıyor. İşçilerin sabah namazından hemen sonra götürülmesine son verilecektir. Traktörler veya kamyonlar işçileri işyerine götürmek için en erken sabah saat altı otuzda köylere girecek, yediye kadar bekleyecek. Bu arada yolda geçen sürenin çalışma saatleri dışında sayılmasına bir itirazımız yok. İşlerinde, işe başlama saatinden bir buçuk saat sonra, sabah kahvaltı molası verilecek, kırk beş dakikadan aşağı olmamalı bu. Öğlen yemeği ve dinlenme için de bir saatlik süre verilmeli. Bu iki mola arasında uygun bir saatte on beş dakikalık genel ihtiyaç molası da unutulmamalıdır. Buna itiraz edeceğinizi..."

Üreticilerin sözcüsü onun sözünü keserek: "İşçilerin çalışacakları tarlalar, bahçeler," diye çıkıştı, "piknik yerleri değil ki, lütfen ama?"

Sendikacı ona bakarak: "Öğlen yemeği molası on üç ile on dört arasında olmalı. Son olarak da paydostan bir saat önce on beş dakikalık kısa bir dinlenme molası daha verilmeli. Bu dinlenme ve bekleme süresi işçilerin tarlaya gelip sekiz saat çalıştıktan sonra gidecekleri paydos saatine eklenecek ve paydos saati buna göre belirlenecekt..."

Üreticilerin bir temsilcisi hemen ayağa kalkıp, "Başka başka?" diyerek bağırdı. Resmi görevli oturmasını ve konuşmamasını imledi.

Sendikacı konuşmasına: "Yağmurlu, karlı günlerde," diyerek devam etti, "yevmiye saat hesabıyla belirlenecek. Öğleden sonraya sarkarsa çalışmama, o zaman yevmiye tam verilecek. Hayvanı olan işçilere pancar yaprağı satılmayacak, parasız verilecek. İşveren miktarı belirleyebilir. Kendi ihtiyacı varsa vermeyebilir.

"Ücret konusuna gelince, bugüne kadar işçilere istedikleri oranda ücret veren işverenlerin daha mantıklı olmalarını, yüce değer olan emeği tam ödemeli. Tarım işçilerinin yaşı kaç olursa olsun, eşit işe eşit ücret prensibinden yola çıkarak aynı ücret verilmelidir. Geçen yıl aldıkları ücretin beş katını talep ediyoruz, işçilerimiz için. Teşekkür ediyorum!"

Resmi görevli ayağa kalktı tekrar.

"Sendikacı hanım kızımıza," dedi, "çok teşekkür ediyorum huzurunuzda, gerçekten de güzel konuştu ve niyetini dobra dobra ortaya koydu. Aynı şeyi üreticilerimizin sözcüsünden de bekliyorum, söz sizin efendim, buyurun!"

Üreticilerin sözcüsü, ayağa kalkmadı. Oturduğu yerden,

"Hanım kızımız," dedi, "gerçekten iyi ve güzel konuşuyor. Ama her şey konuşulduğu gibi olmuyor maalesef. Şimdi toprak eken, para mı biçiyor, var mı böyle bir şey, söyleyin hadi? Uzun sözün kısası, çok söze ne gerek var, konuşulanlar ortada işte, bütün istekler zararımızadır, inanın! Ha boynumuza ip geçirmişsiniz ha bizi kurşunlamışsınız, değişen bir şey yok, yaşama hakkımızı elimizden alıyorsunuz. Amacınız bağcıyı dövmek; üzüm yemek değil maalesef! Nesnellik, bilimsellik, eşitlik, gerçekçilik bu mudur sizin için Allah aşkına?

"Ter akıtacağız, ürün yetiştireceğiz ama yapraklarını ve saplarını ırgatlara vereceğiz! Hele çalışma saatleri akıl alacak gibi değil, her tarla bir fabrika mıdır? Başkasının cebinden para çıkarıp başkalarına bol keseden vermek kolay ama çiftçilik, üreticilik çok zor, bunu bilmek için işin içinde olmak gerekir; hariçten gazel okumakta ne var, herkes bunu yapıyor aslında. İşte bu akıl, bu düşünce bugün bulunduğumuz noktanın ve karmaşanın nedenleri."

Sendikacı aniden ayağa kalkarak: "Sözlerinize dikkat edin," dedi, "bize hakaret ediyorsunuz! Çok çalıştırıp karşılığında az ücret vermek anlayışınız yıkılıyor diye mi bu tavrınız, sataşmanız? Elbette ki onlar da insanca çalışıp karşılığında ihtiyaçlarını karşılayacak kadar ücret almak için çabalayacaklar, örgütlenecekler, yüce değer olan emeği şimdiye kadar sömürdüğünüz yetmedi mi?"

Üreticilerin sözcüsü, şöyle biraz güldü ve sonra da, "Biz tarlalarda çalışacak ırgatlardan söz ediyoruz," dedi, "fabrika işçilerinden değil, anladın mı?"

Resmi görevli ayağa kalktı ve: "Lütfen sakin olun! Bu kısır çekişmenin uzamasını istemiyoruz, işlerimizin yoğunluğunu tekrar anımsatmakta yarar var diye düşünüyorum. Toplantıya öğlen yemeği için ara veriyoruz, saat tam on dörtte burada olalım. O zamana kadar isteklerinizi bir kez daha gözden geçirin çünkü anlaşmanızı bekliyorum, bu işin daha fazla uzamasının kimseye bir şey kazandırmayacağını hiç mi hiç unutmayın."

2

Yusuf, muhtarın ablasının oğluydu. İlçede, lisede okuyordu. İkinci sınıftaydı. İnceden, sarışın ve neşeli bir gençti. Olanaklarını iyi kullanan biriydi. Liseyi bitirip polis olmak ve annesine bakmak istiyordu. Babası üç yıl önce harman yerinde patoza düşmüş ve ölmüştü. Ablası dayısının oğluyla evlenmiş ve Ankara'da kapıcılık işi bulan kocasıyla; Elmalı'dan bir kızla evlenmiş olan ağabeyi de Bursa'ya taşınmıştı. Polis memuruydu. Alız'dan bir arkadaşıyla kiraladıkları evde kalıyordu. Arkadaşları tarafından da çok seviliyordu. Onlara hemen hemen her konuda yardım ediyor, ağabeylik yapıyordu. İki haftada bir de Alız'a geliyordu. O akşam dayısından gelirken kederliydi. Her zamanki neşeli hâlinin yerini kederli ve gölgeli bir hâl almıştı. Onu uğurlayan yengesi bu durumunu kuşkuyla karşılamıştı.

"Senin yeğenin de bir tuhaflık var," dedi muhtara, "hâlini hiç beğenmedim!"

Muhtar, Cevahir'e dönüp: "Gençtir," dedi, "vardır bir sıkıntısı!"

Cevahir atıldı: "Kimi kimsesi yok köyde senden başka," dedi, "dayılığını tam yapsan olmaz mı?"

Muhtar ona bağırdı: "Sen işine bak!" diyerek, "lüzumsuzluğu bırak!" Cevahir sustu.

Yusuf dalgındı. Düşünceliydi. Eve gitmekten vazgeçti. Kahvehaneye yürüdü. Camdan baktı. Kahvehanede kimse yoktu. Kahveci temizlik yapıyordu. Döndü. Hava ayazdı. Yıldızlar parlak ve uzaktılar. Adımlarını hızlandırdı. Ara sokaklardan birine girdi. Usulca, ara sokağın ucundaki eve sokuldu. İki katlı ve çatılı olan bu ev, biraz karanlıkta kalıyordu. Önceden cebine koyduğu fındık büyüklüğündeki taşlardan birini çıkardı ve cama attı. Bekledi. Biraz sonra altında beklediği pencerenin bir kanadı açıldı.

"Yusuf?" dedi ince bir ses, "sen misin?"

"Benim, ben!"

"Çok geç oldu, başka zaman görüşelim, olmaz mı?"

"Zamanım yok, in lütfen bekliyorum seni!"
"Arka tarafa gel, iniyorum!"
Yusuf söyleneni yaptı. Her zaman önünde beklediği kapıda bekledi. Kapı açıldı. Usulca, bir gölge gibi süzüldü. Loş bir ışık vardı. Onu güçlükle görüyordu Yusuf. Elinden tuttu. Öptü birkaç kere. Sarılmak istedi. Kız ona engel oldu.
"Hadi samanlığa girelim!" dedi Yusuf.
"Olmaz Yusuf, benden şüpheleniyorlar artık!"
"Sana o kadar çok şeyim var ki anlatacak!"
"Korkuyorum, burada söyle!"
"Burada olmaz, samanlığa girelim!"
"Babam gelebilir ama!"
"Uykusu derindir biliyorum, boş ver!"
"Korkuyorum Yusuf!"
"Niçin, kimden korkuyorsun? İlk defa buluşmuyoruz ki benden korkma!"
"Asıl benim sana iki diyeceğim var biliyor musun?"
"Senin diyeceğin ne olabilir ki?"
"Beni isteten var!"
Yüreği yandı Yusuf'un. Böyle bir şey beklemiyordu çünkü. Duymuştu aslında, ama ihtimal vermemişti. İçten içe kavruldu. Kahroldu. Ellerini sıkıca tuttu. Samanlığa çekti. O, karşı gelmiyordu Yusuf'a. Ayakta sarıldılar birbirlerine. Öylece duruyorlardı.
"Beni isteten var dedim Yusuf!"
"Senin yavuklum olduğunu bilmeyen mi var, kim bu it?"
"N'olur bağırma, sesini duyan olur!"
"Kim dedim o it?"
"Elmalı'dan biri, bizim köyde patates satarken görmüş beni."
"Elmalı'ya kız verilir mi hiç?"
"Abin ordan kız aldı ama."
"O başka ya..."
"İstemiyorsan, seni zorla vermezler, tasalanma!"
"Babamı tanımıyormuşsun gibi konuşma öyle, Nuh derse peygamber demez, beni hiç mi hiç dinlemez."
"Diren, sık dişini, karşı koy herkese. Okulumun bitmesine az

kaldı. Sonra polislik, ardından seninle evlilik ve ver elini gurbet, burası kimin olursa olsun!"

"Beni bir gün bile bekletmezler ki!"

"Annen birbirimizi sevdiğimizi bilmiyor mu peki?"

"Bilmez olur mu, biliyor ama o babama söz geçiremez!"

"Ne yani, çaresiz misin şimdi?"

"Evet, çaresizim!"

Ağlıyordu. Yusuf ona sarıldı. Yüreğine bastı. Sakinleştirmeye çalıştı. Dudaklarını onun kulağına dokundurdu. Ilık nefesini verdi usul usul kulağına.

"Bir çaresi var Canan'ım!"

"Nasıl bir çare bu Yusuf?"

"Sen anladın demek istediğimi!"

Canan, aniden ondan uzaklaştı. Samanlığa yıkıldı. Diyeceğinin birini demiş, ötekinden de vazgeçmişti. Anlamıştı gerçekten de onun demek istediğini. Kalbi hızlandı. Yüzü kızardı.

"Ne diyorsun Yusuf?"

"Seni zorlamıyorum, iyi düşün ve bana inanıyorsan benim ol, yoksa sırtımı döner giderim, sen de kaderine razı olursun, bu mu istediğin?"

"Senin olursam ne değişecek Yusuf?"

"Çok şey değişecek güzelim! Sizinkilere benimle olduğunu bu yüzden başkasına varamayacağını söylersin! Onlar da seni yabana vermez. Böylece nişanlanırız, okul bitince de evleniriz."

"Hemen yarın istetsen beni de..."

"Nedenini bilmiyorum ama sizinkiler beni sevmiyor, annem de sizinkileri, özellikle de babanı sevmiyor. Bu iş düşündüğün gibi hiç olmaz. Ama benimle olursan annem de ailen de sonuca katlanmak zorunda kalır, anlıyor musun?"

"Haklısın, bunu hiç düşünmemiştim ama yine de..."

"Bu geceden sonra şansımız olmayabilir Canan!"

"Bu olmaz, yapamam."

"Benimle yatmak mı, yoksa istemediğin, sevmediğin birisiyle ömür boyu yaşamaya mahkûm olmak mı daha zor, söylesene?"

"Yusuf! Ben... Yani!"

Yusuf, ona sımsıkı sarıldı. Kendisine çekti Canan'ı.

"Yusuf, n'olur beni dinle!"

"Bana güvenmiyor musun yoksa?"

"Sana güveniyorum, ama korkuyorum. Açıklayamadığım, nedenini bilemediğim bir korkunun pençesindeyim. Yalnız başına kırlarda dolaşırken kurdun eline düşmüş korumasız küçücük bir kuzu gibiyim şimdi. Meliyorum, meliyorum, ama sesime kimse gelmiyor."

"Sen bana güven, korkularını düşünme, bırak bu gündüz düşünü, ne var çekinecek, her şey yoluna girecek, inan."

"Yusuf!"

"Karşı koyma bir tanem, seni çok seviyorum!"

Canan, daha fazla direnmedi. Ona inanıyordu, güveniyordu ve onu çok seviyordu. Yusuf'a boyun eğdi... Oysa önceki buluşmalarından farklıydı Yusuf. Geçen ki buluşmalarında ise daha tuhaftı. Nedenini öğrenmek istiyordu. İki ayda dört kez buluşmuşlar ama son ikisinde bambaşka bir Yusuf çıkmıştı karşısına. Yapamadı, soramadı neden garip ve mesafeli olduğunu. Babasının gençliğinde onun anasına sevdalı olduğunu ve istettiği hâlde 'kızımız istemiyor' diye dünürcüleri geri çevirdiklerini biliyordu. Ama bunu gurur yapan babasının ilk fırsatta onu kendisiyle evlenmeye mecbur etmek için yolunu kesip tecavüz etmeye kalkıştığını, son anda onları görenlerin ona engel olduğunu ve bunun daha sonra dedikodularla gerçekleşmiş gibi anlatıldığını bilmiyordu. Bilseydi Yusuf'u çok sevdiği hâlde onunla birlikte olmazdı. Aradan yıllar geçmiş de olsa ve bu olay iki aile tarafından yaşanmamış gibi davranılsa da ilişkilerde hep bu yüzden bir mesafe olmuştu. Hâlen de oluyordu. Yusuf bölük pörçük bir şeyler öğrenmişti aslında ama ayrıntısını ne annesine ne de zaman zaman ziyaretlerine gelen evli, çocuklu abisine ve ablasına sormuştu. O da biliyordu ki geçmiş kabuk bağlamış bir yaraydı ve kaşımak da hiç doğru değildi. Yusuf ilçede köyünden kendi yaşlarında bir çocukla aynı evi paylaşıyordu. Ev arkadaşına ve okuldan başka arkadaşına özverili, içten davranan Yusuf zamanla alaya alındığını anlayınca, ev işlerinden yalnızca kendisinin sorumlu olmayacağını arkadaşına anlatmıştı. İşlerin haftalık periyodlarla paylaşılmasına karar alınmıştı. Arkadaşı onca zaman her şeyi o yaptığı için sıra kendisine gelince savsaklamaya, bin bir bahane bularak ona yıkmaya başlamıştı. Kullanıldığını anlayan Yusuf da birlikte aldıkları karara uymasını istemişti. Araları bu sebeple açılmıştı. Yemek, temizlik gibi kaçınılmaz konularda zaman zaman istemeseler de tartışıyorlardı. Böyle bir rutin tartışma kavgaya dönüşmüş ve arkadaşının alaylı konuşması Yusuf'u sinirlendirmişti. Yerinden kalkmış, ona yumruk atmıştı. Burnu kanayan arkadaşı da, 'çok yiğitsen, ananı bağ yolunda kızken beceren yavuklunun babasını döv de göreyim seni.' demişti. Eşyalarını almış ve bir şey demeden komşu köyden iyi konuştuğu çocuklardan birinin kaldığı tek gözlü eve taşınmıştı. Hiç kimseye bir şey sormamış ve gerçeği de öğrenmek istememişti. O cümle bütün bir hayatını değiştirmişti bir anda.

3

Kemik Hüseyin, Alız'ın en yaşlısıydı.

Doksan dört yaşındaydı.

Gençliği dağlarda eşkıyalıkla geçmiş, bundan varsıllaşmış. Biri kız olmak üzere beş evlat sahibiydi. Hepsi de evliydi. Ama o küçük oğlu İmam Sefer'in yanındaydı. İmam Sefer, imamlığı babasından öğrenen zayıf, sarışın ve uzun boyluydu. İmamlık yapmıyordu. İki yıl kaldığı İstanbul'da huy değiştirdiği için imamlığı bıraktığı Alızlıların yakıştırdığı bir şeydi ama gerçek nedeni kimse bilmiyordu. İmamlık yapmak istemiyordu, bütün gerçek buydu ona göre de. Alızlılar, imamlığı bıraktığı için İmam Sefer'in evini lanetli biliyorlardı, bu yüzden de Kemik Hüseyin'i gidip sormuyorlardı.

Kemik Hüseyin, üç yıldan beri yatalaktı.

Felç olmuştu. Belden aşağısı tutmuyordu.

Her şey bir gecede olmuştu güya.

Aniden bir ağrı girmiş ayaklarına ve ertesi gün bir daha da ayağa kalkamamıştı.

Kemik Hüseyin biraz doğrulup: "Lan Sefer iti," dedi, "karının kokusu çok mu güzel! İt gelsene, gel artık! Çık yatağından köpoğlu köpek! Leğeni altıma tut, çabuk ol! Yatağa edeciğim yoksa! Karın olacak o çenesiz ne ağız bırakacak bende ne de sende! Beni duyduğunu biliyorum, işine gelmiyor değil mi? Bu yüzden kalkmıyorsun öyle mi! Bilirim hep ölmemi istersiniz. Bu yüzden aç bırakıyorsunuz beni. Olmuyor işte, olmuyor! Sizin gibi soysuzların eline mahkûm olmaktan hoşlanmıyorum ama ah çaresizlik, yaşlılık, hastalık... Kalk ulan Sefer, kalk! Döşeğinizin içine edeceğim yoksa! Günah benden gitti. Ben kıçımı sizin kadar tutamam, duyuyor musunuz? Ulan domuz karı sen de mi duymuyorsun beni? Kalk çenesiz karı, döşeğine edeceğim ha! Eh benden bu kadar, ister gelin ister gelmeyin, tamam mı!" sonra bağırmadı.

Kedi kendine: "Seni kim insandan sayıyor ki! Bittin sen artık! Ölmeni istiyorlar! Sen, döşekleri kirlenmesin diye çabala onlar oralı olmasın. Sen, onca işlerinin arasına bir de bokun karışmasın isliyorsun ama seni dinleyen kim? Bokun içinde ölecekmişsin, uykusuz kalacakmışsın kimin umurunda. Kıçın yara dolu. Kıçın irinli. Kıçından, bedeninden etler dökülüyor, cüzamlıymışsın gibi. Kocaman bir ağaç gibi çürümüşsün, ağaçlar kabuk değiştirir, yaprak döker gibi dökülürsün her gün, kimin umurunda Kemik Hüseyin?

Tiksiniyorlar senden.

Kıçını temizlerken, silerken dövüyorlar, ne tez unuttun bunu. Sövüyorlar. Ölmek senin elin de mi?

Aşına, ekmeğine zehir katsalar razısın ama ilgisizliğe asla, razı değilsin. Bilirler mi bunu. Bir baba kırk evlada bakmış da kırk evlat bir babaya bakmamış dedikleri doğruymuş demek ki Ebe hemşire kızın yanında etrafımda dört dönüyor, o gidince de Azrail oluyorsunuz.

O da ben de Alızlılar da biliyor bunu!"

"Ne bağırıyorsun," dedi İmam Sefer, "herkes uyuyor!"

"Gelebildin mi it," dedi Kemik Hüseyin, "karının kokusunu bırakabildin demek!"

İmam Sefer yanıt vermedi. Kemik Hüseyin'i yan yatırdı ve kıçını temizlemeye başladı. Durmadan da söylendi. Kemik Hüseyin bağırdı: "Kurtlanmış mıyım iyice?" dedi.

"Rahat dur da yaraları sileyim, bokun da karışmış içine!"

"Birazını bıraktım, ulan leğeni getir de içine edeyim daha fazla dayanamayacağım ha!"

"Aksiliğin üzerinde yine," dedi İmam Sefer, sert biçimde, 'Tamam bağırma, leğeni getireyim, çocuk gibisin vallahi!"

İmam Sefer, leğeni getirdi. Babasının kollarını boynunda birbirine kenetlenmesini söyledi. Kemik Hüseyin söyleneni yaptı. Böylece dizlerinin üstüne çömeldi durdu ve gözlerini yumdu. Oğlu da olsa bu durumda kimsenin yüzüne bakamıyordu. Her şey bittikten sonra, yatağına uzandı. Biraz olsun rahatladı. Gözleri parladı. Altı temizlenen bir bebek gibi oldu, yüzü açıldı. Uyumaya çalıştı. İmam Sefer, babasının terini silmeye başladı. Gözlerini ondan alamadı. Eğildi ve usulca:

"Öl artık baba," dedi, "yiğitlik yol kesmek, adam vurmak mal kaçırmak değil ki. Artık seni taşıyamıyorum, yerinden kaldıramıyorum. Sabrım da kalmadı. Bugün... Yarın... Ama günler geçiyor sen göçmüyorsun! Üç yıldır çileni çekiyoruz. Anam güzel güzel öldü. Seninki şeytanın eziyeti, şeytanın eziyeti de çekilmiyor ki. Sultan elkızı. 'Çekemem' diyor. 'Alır başımı giderim' diyor, 'öleceği gün belli değil' diyor. 'Onun başka gelinleri, oğulları da var,' neler neler söylüyor, itin önüne atsan it yemez ama çekiyorum işte. Sultan'sız bunca çocuk ne yaparız? Biliyorum ölmeni istemek büyük suç, yanında aman, of, senden bıktık demek bile, ama ne yapayım ki... Artık dayanacak gücüm kalmadı, çünkü ben de Eyüp'un sabrı yok."

Sonra babasını alnından öptü. Odasına gitti.

Kemik Hüseyin gözlerini açtı. Kısık yanan lambaya baktı ve kendi kendine: "Oğlun ölmeni istiyor," dedi, "Bunu hep söylüyordun ama ondan duyacağını düşünmüyordun değil mi Kemik Hüseyin? İşte duydun sonunda. Bunları duymak için mi büyüttün? İnsanın eti kemiklerinden ayrılsa, yere dökülse yine de kim ister ölümü? Ama ben istiyorum, yaradanım. Gönder Azrail'ini de al canımı! Razıyım cehenneme gönder beni, eziyetlerini hiç mi hiç esirgeme benden, kazanlarda kaynat, sırattan ateşlere düşür ama beni bunların elinde koma, çünkü hiç bir eziyet, hiçbir acı öz evladımın dudaklarından dökülen sözler kadar etkileyemez beni. Bu andan sonra ölü birisiyim. Ölü birini ortada bırakmaktan zevk almayacağını düşünüyorum. Ne ettim de bana bunları reva görüyorsun? Senin yarattığın bedeni, yine senin verdiğin akıl yönetmedi mi? Suçlu kim acaba?"

Kemik Hüseyin bir ses duydu. Hemen kulak verdi. Sultan'dı bağıra bağıra konuşan.

"Bunak," dedi, "ne söylüyorsun yine?"

"Gelinim," dedi Kemik Hüseyin, "sen misin kızım! Hiçbir şey konuşmuyordum, öylesine inliyordum, acıdan ya!"

"Nedir senden çektiğimiz be!" dedi Sultan sert biçimde: "Gece rahat vermezsin, gündüz rahat vermezsin, gebermedin ki kurtulalım senden!"

"O nasıl söz kızım," dedi yalvararak, "sen neler söylüyorsun Sultan ben..."

"Kendini acındırma be," dedi Sultan, Kemik Hüseyin'e, "bal gibi duydun söylediklerimi, öyle çekme yorganı hemen üzerine, gözlerini kaçırma benden!"

"Uyumak ve hiç mi hiç uyanmamak istiyorum!" dedi Kemik Hüseyin, "beni rahat bırak!"

"Sana ölüm yok bu dünyada," dedi, "ölüm yok! Nefes aldığın, lokmaları tıkındığın her an bize en büyük zulüm..."

4

İmam Sefer'in Halil Hoca'yı getirmeye gittiği duyulunca, Alızlılar bunu konuştu bir süre. Halil Hoca, hastaları iyileştirmekle, kısır kadınları doğurtmakla, cinleri çıkartmakla, otlardan yaptığı ilaçlarla her derde deva olmakla ün yapmış, dinç görünen, orta boylu, zayıf, çekik gözlü, ablak yüzlü, sivri sakallı bir ihtiyardı.

Karanlık Alız'ı da iyice sardıktan, göz gözü görmeyecek ortam yarattıktan sonra, köye giren iki atlının sesini duyan Cevahir hemen dam başına çıktı ve: "İmam Sefer," dedi, "sen misin?"

"He yenge benim," diyerek karşılık verdi İmam Sefer, "benim n'oldu bir şey mi diyecektin?"

"Ne diyeceğim olsun imam Sefer," dedi Cevahir, "yanındaki Halil Hoca mı peki?"

"He," dedi İmam Sefer, "Cevahir yenge, o!"

"Hoş geldin Halil Hoca," dedi Cevahir, "buyurun bir çayımızı için diyeceğim ama, ne için geldiğinizi bildiğimden sizi yolunuzdan alıkoymayım!"

"Hoş bulduk hanım kızım," dedi titrek sesiyle, "muhtar nerede?"

"Nerede olsun," dedi Cevahir, "içeride, dinleniyor, işten güçten yoruluyor, bir de Alız'ın dertleri yok mu, herifi neredeyse götürecek canım!"

Muhtarın sesi duyuldu: "Ulan deli karı," dedi, "deminden beri ne bağırıyorsun, bırak da biraz uyuyayım. Hem sen kimle konuşuyorsun?"

"Kemik Hüseyin'in Sefer'le." dedi usulca.

"Peki getirmiş mi Halil Hoca'yı?" diye sordu.

"Birlikte gelmişler," dedi, "muhtar, adam o yaşına rağmen ta oralardan buraya at sırtında gelmiş, bu kör karanlıkta, pes doğrusu!"

Atlılar uzaklaşırlarken Cevahir de eve girdi. Muhtar doğrulmuş oturuyordu. Tabakasından tütün çıkarmış sigara sarıyordu.

Cevahiri görünce:

"Halil Hoca," dedi, "derin, nurlu, okumuş adam! Faydası olur Kemik Hüseyin'e."

Cevahir onun yanı başında durdu ve ellerini yanlarına koydu.

"Hiç sanmıyorum!" dedi.

Muhtar, ona öyle bir baktı ki.

"Ulan yarım aklınla," dedi, "bilir bilmez konuşma!"

Cevahir odadan çıktı, salona gitti.

5

Halil Hoca, birkaç gün Kemik Hüseyin'le aynı odada kaldıktan ve muskalarını yaptıktan, dualarını okuduktan ve Alız Dağları'ndan topladığı bitkilerden elde ettiği şifalı suları ona içirdikten sonra İmam Sefer'i yanına çağırdı. Kemik Hüseyin konuşulanları duymasın diye evden çıktılar. Alız'ın harman yerinde oturdular, bağdaş kurarak. Birer sigara yaktılar. Birkaç nefes çektiler. Konuşmadan beklediler bir süre. İmam Sefer'in içi içine sığmadı. Heyecanlandı. Sarardı. Gözlerini Halil Hoca'nın gözlerinden ayırmadı. Kendisini zor tutuyordu. Onun konuşmasını bekliyordu. Saygısızlık etmek istemiyordu ona.

Sonunda Halil Hoca usulca: "Birkaç güne kadar gidici," dedi, "gördüğüm, çıkardığım bu!" Başka bir şey demedi. İmam Sefer de bir şey sormadı. Yalnızca üzülmüş gibi görünmeye çalıştı. Halil Hoca gitmek için izin istedi. İmam Sefer, onun hizmetine karşılık bir koyun bağladı atının terkisine. Köyün çıkışına kadar değil, onun yolunun yarısına kadar da eşlik etti. Kemik Hüseyin'den kurtulacağı için seviniyordu aslında. İstanbul'a göçen ve orada yaşayan ağabeylerine haber gönderdi. Babalarının çok hasta olduğunu bildirdi. Kısa zaman da Kemik Hüseyin'in oğulları, gelinleri ve torunları Alız'a geldi. Gelirlerken babaları yesin diye sebze, meyve getirdiler. Un, şeker ve çay aldılar. Yalnızca Kemik Hüseyin'in kızı gelemedi. Haber gönderdi. Kocasının çok hasta olduğunu, bir süre sonra gelebileceğini bildirdi. Evde yatacak yer, oturacak köşe kalmadı. Kısa zamanda yiyecekler tükendi. Halil Hoca'nın kehaneti gerçekleşmedi. On gün geçtiği hâlde, Kemik Hüseyin öleceği yerde, düzelmeye bile başladı.

Dünya gözüyle, torunlarını, evlatlarını ve gelinlerini gördüğü için mutluydu. Keyiflenmişti. İmam Sefer'e, Sultan'a dua ediyor, bir torunu kucağından indirip ötekini kucağına alıyordu. Onlarla oynuyor, konuşuyordu. Onlara masallar, meseller anlatıyordu. Bazen de çocuklarıyla gün boyu dertleşiyor, içini döküyordu onlara, yalnızlığından ve yaralarından söz ediyordu. Acılarını, yaralarını ve yatalaklığını unuttuğunu, hayata bağlandığını, bu yüzden kendilerine çok teşekkür ettiğini anlattı durdu günlerce.

Sultan, Kemik Hüseyin'in neşesini, dirildiğini gördükçe kahroluyordu. Evin bütün işlerini görüyordu. Eltilerinin bir elini soğuk sudan sıcak suya değdirmiyordu. Çok çalışıyordu. Geceleri, İmam Sefer'le baş başa kaldığında: "Babanın öleceği yok," dedi, "bizimki de kafa hani, gaibi Allah'tan başkası bilmez deriz, sonra da Halil Hoca'lardan medet umarız, olacak şey mi bu? Zarar üstüne zarar biliyor musun? Bunca insana ekmek pişirmek, yemek yapmak, su taşımak, çamaşırlarını yıkamak kolay mı? Misafirler diye ben 'bana bırakın' dedikçe sağ olsun eltilerim çocuklarının boklu donlarını da bana yıkatıyor, canım çıkıyor vallahi. Artık burama geldi, bilmiş ol. Ya sen söyle ağalarına ya da ben söyleyeceğim, olmaz ki canım, ne babanın öleceği var, ne de onların gideceği... Hiç düşünce yok birinde, elden emekliler diye, hep burada kalamazlar ya, gitsinler artık. Ne yiyeceğimiz kaldı ne de unumuz."

İmam Sefer, sonunda ağabeylerine, babalarıyla vedalaşmalarını, bundan sonra ölecek olursa her şeyi yapacağını rahat olmalarını ve gitmelerini söyledi, ağlaya ağlaya, 'Sultan benim karım ama gönlü de benim değil ki,' diyerek. Kemik Hüseyin'in oğulları, gelinleri ve torunları ellerini öptüler, vedalaştılar.

Geldikleri gibi gittiler.

Aynı gün Kemik Hüseyin'in yüzü gölgelendi. Acıları arttı. Kederlendi. Neşesini kaybetti. Hayata küstü birdenbire. Yememeye, içmemeye, düşünmeye başladı. Gözlerini pencereden ayırmıyordu. Eskisinden de beter olmuştu. Bu, İmam Sefer'in gözünden kaçmıyordu. Hem seviniyor hem de üzülüyordu. Kendi kendisine: "Ulan," dedi, "Sultan'ın söylediği çıkıyor be? Babamı hayata bağlayanlar onlarmış! Onlar gittiler babam, kötüleştikçe kötüleşti, eridikçe eridi sanki kocaman adam, minnacık oldu. Öldü ölecek ha!"

Kemik Hüseyin'in kötü günleri tekrar başladı. Hayattan koptu. Kendisine yolculuğa çıktı. Ağzını açıp konuşmadı hiç.

Ve bir sabah Alız, onun öldüğünü duydu.

Alızlılar: "Kurtuldu adamcağız!"
"Evdekilerden çok çektiydi zavallı!"
"Ölüme sevinilmez ama, Kemik Hüseyin'in en mutlu günü öldüğü gün oldu canım!"
"Azar azar zehirliyorlarmış!"
"Olur mu olur kız, Sultan bu, yapar vallahi!"
"İmam Sefer gibi evlat düşman başına!"
"Döve döve koca adamı bir çınar gibi devirdi."
"İyice kurtlanmıştı, yıkamıyorlardı, ilaçlarını vermiyorlardı."
"Bakımı yoktu Kemik Hüseyin'in, belki de bakımsızlıktan öldü."
"Ne Sefer, ne de İstanbul'dan gelenler, bir gün olsun onu doktora götürmediler ki!"
"Besle kargayı oysun gözünü!"
"Karı koca el ele verip koca adamı yediler." dediler. Buna benzer dedikodular, Kemik Hüseyin'in cenazesi kaldırılırken de yapıldı.

Mezarlıkta Alızlıların hepsi yoktu...

Bora öğretmen de iyileşmeye başladığında kendisini ziyarete gelenlerden öğrenecek ve üstüne birkaç kürek toprak atamadığı için de üzülecekti. Onu ara ara ziyaret ettiğinden memnun olan Kemik Hüseyin'inin; "Sevinme gün akşam oluyor diye geçen günler ömürdendir çünkü ya, bakmıyorlar bana evladım. Perişanlığım boyumu geçti. Ne yapacağımı şaşırdım. Sen, her ne kadar iyi göründüğümü söylesen de ben, kendimi biliyorum, bu kış ölürüm! *Duvarı nem, insanı gam öldürür* dedikleri doğru, duyduklarım, yaşadıklarım çekilir değil.

Çaresizlikten çekiyorum işte!

Hayırlı ölüm bana nasip değilmiş Bora öğretmen!

Torunlarım kucağıma gelmiyor. Biri, saçını koklatmıyor. Yanağını öptürmüyor. Bana, 'kaka dede, öl' diyorlar. Çakıldık kaldık şu döşeğe, işe yaramaz bir gemi gibi. Hadi onu sonunda parçalayıp jilet falan yapıyorlar.

Ama Azrail gelmiyor, beni bildiği hâlde hep sona bırakıyor, cehennemi burada yaşatıyor! Aslında erkek kısmı karısından önce ölmeli, sonraya kaldı mı benim gibi rezil olur. Şimdi seninle konuştuğumu duysalar, senden sonra çekeceklerim var, biliyor musun? Söverler, azarlarlar, aç bırakırlar. Bokun içinde yatırırlar. Çağrımı duymazlarmış gibi ciddiye almazlar...

"Gençliğimde dere tepe gözükmezdi gözüme. Şimdi bir döşekten kalkamaz oldum! Gerisini boş ver, ne sen sor yaşadıklarımı, ne de ben anlatayım onları..." sık sık ve de bir dua gibi tekrarladığını anımsayacaktı.

6

Seyit'in, Canan'ı verdiğini söylediği an, Canan; bir boşluğa düştü sanki. Ağladı. Yalvardı annesine, evlenmeyi istemediğini, Yusuf'tan başkasıyla, günlerce söyledi.

İnandıramadı kendini gerçekten öldüreceğine. Alızlılar, Canan'ın kendisini öldüreceğini duydu. Zaman zaman bunu konuştu. Canan'ın annesi, günler geçtikçe biricik kızının bir gül gibi solduğunu gördü. İçten içe dertlendi. Kızının bir delilik yapabileceğini düşündü bazen ama buna ihtimal vermedi. Sonun da Canan'ı yanına çağırdı. Oturttu ve sordu: "Bu söylentinin aslı nedir?"

Canan sustu. Gözlerini yere çevirdi.

"Kız yüzüme bak," dedi annesi, "cevap ver bana! Şimdi alırım ayağımın altına!" Canan hıçkıra hıçkıra ağlamaya başladı. Annesi daha da öfkelendi.

"Ağlama da söyle!" dedi.

"Ana!" dedi ana, "ben..."

"Çıldırtma kız beni," diyerek diklendi annesi Canan'a, "konuş güzel güzel!"

"Nasıl söylerim sana?" dedi usulca.

"Lafı dolaştırıp durma" dedi, "bir kızın anasına diyemeyeceği söz yoktur, söyle hadi!"

"Anacığım!"

"Kendini niçin öldüreceksin?"

"Yusuf... " dedi sadece.

"Kız yine mi Yusuf?"

"Onunla, ben..."

"Kız saçını yolmayım," dedi annesi ona, "ne söyleyeceksen bir an önce söyle be!"

"Onunla karı-koca olduk!" dedi birdenbire ve bağırarak.

Canan'ın annesi neye uğradığını şaşırdı. Ne yapacağını bilemedi. Öylece durdu biraz. Elleriyle yüzünü kapatan Canan'a baktı. Ağlıyordu. İçinden bir şey koptu sanki. Terlemeye başladı. Bir sıcaklık boğmaya başladı onu. Titredi ve aniden ayağa kalktı. Canan'ı yerden yere attı. Saçlarından tutup sürükledi. Tokatlamaya başladı.

"Ne söylediğini biliyor musun sen?" dedi bağırarak.

"Evet anne!" dedi.

"Kız kimin aklıydı bu?" diye sorarken çılgın gibiydi.

"Yusuf'un." dedi kısaca.

"Kız yalan söyleme!" dedi ağlayarak annesi, "şakası bile kötü bunun!"

"Gerçek gibi şaka olur mu ana?" dedi Canan, "keşke bir şaka olsaydı da..."

"Sus kız!" dedi Canan'ın annesi, "bırak bu yalanı!"

"Ana," dedi Canan, "niçin kabul etmek istemiyorsun, bana inanmıyorsanız kasabanın doktoruna, ebesine götürün beni ya da köyümüzün ebesini eve çağır!"

"Sen çıldırmışsın kızım," dedi kadın, "sus, sus!"

Canan'ın saçlarını bırakmamıştı. Onu duvara çarptı.

"Yalan bu," dedi, "yalaaaaan!"

7

Alız'da da çoğu köyde olduğu gibi Güneş geç doğar, erken batar. Bu yüzden işlerin çoğu bitmez akşama kadar. Ahırdı, koyunlardı, ineklerdi, eşeklerdi...

Çocukların gözleri oyundadır hep.

Ahır kokusu ile kadınlar kızlar ve gelinler yemek kazanına koşar, kimi zaman da düşlerini kaynatırlar. Alız'da yaşayanların geliri, orman işçiliği ırgatlık, küçücük tarlaların ürünleri geçinmelerine ancak yeter. Kış ile birlikte Alızlılar kahvehaneden çıkmaz olur.

Aceleyle çağırıldığını öğrenen Seyit, oyundan kalktı.

Kahvehaneden çıktı. Karısıyla göz göze gelince heyecanlandı. Karısı kulağına eğildi, Canan'ın söylediğini mırıldandı. Koşarak eve gitti. Yıldırım gibi Canan'ın bulunduğu odaya girdi. Gözleri alev alevdi. Sakin görünmeye çalışıyordu ama yine de kızgın olduğu her halinden belliydi. Canan'ın darmadağınık olan saçına uzattı bir elini, diğer eliyle de onu yerden kaldırdı. Canan gözlerini açmıyordu. Burnundan kan geliyordu.

"Doğru mu annene söylediğin ceylanım?" diye sordu ona.

"Ne zaman yalan söyledim," dedi yalvarırcasına, "babacığım!"

"Bak güzel kızım," dedi usulca, "Yusuf'la olan gönül ilişkini biliyordum, bakma bilmezlikten geldiğime. Yusuf'u da sülalesini de sevmediğimi biliyorsun; kararımdan vazgeçeyim diye bu yalanı uydurdun, değil mi?"

"Hayır!" dedi, "nasıl böyle düşünürsün!"

"Canan'ım" dedi Seyit, "sen ne zaman büyüdün? Benle nasıl konuşuyorsun? Şu an karşımdaki kızım değil de, onun içine girmiş bir cin sanki! Çünkü kızım babasıyla böyle konuşmaz!"

"Cin min yok içimde," dedi, Canan, gözlerini açarak, "baba, kızınım senin!"

"Ben kızımı iyi tanırım," dedi, "bizi utandıracak bir hata yapmaz, yapmamıştır. Sırf seni Elmalılıyla evlendirmeyelim diye..."

Köylük yerde insanlar bir başkasının dedikodusunu yapar, yapar ama canı yanmadıkça da birinin ayıbını yüzüne vurmaz. Bu yüzden belki de Canan'ın çevresi, arkadaşları, komşuları bu konuşulanları veya olanı bilseydi; 'anasına yapılanı Canan'a yaparak namusunu temizledi Yusuf ' derlerdi. Canan da bilmiş olsaydı, gerçek olmadığı hâlde zaman zaman söylenilen tecavüz olayını gerçekten de Yusuf'un intikam almak için aklını çelip emeline ulaştığını düşünürdü...

"Niçin inanmak istemiyorsun baba!" dedi, "olan oldu!"

"İnatlaşma benle," dedi Seyit, "taşırma sabrımı, bırak bu yalanı"

"Baba beni yakmayın!" dedi Canan, "Yalvarıyorum size, yoksa..."

"Ne, ne... Yoksa ne yaparsın?" dedi, "asar mısın kendini?"

"Baba," dedi Canan yalvararak, "beni çok sevdiğini, oğullarından ayırmadığını biliyorum. Baba, annemden çok seviyorsun beni, değil mi? N'olur bana inan, istemiyordum, ama oldu bir kere, inanmazsanız beni doktora, ebeye..."

"Güzel kızım," dedi Seyit, "ne söylersen söyle, bunları aklına kim soktu bilmiyorum ama bu yalana hiç mi hiçi inanmıyorum." Seyit, odadan çıktı. Canan yere yığıldı. Yüreği yandı. Boğazı kurudu. Gözyaşları akmaz oldu. Bağıra bağıra: "Yalan değil ki," dedi, "niçin inanmıyorsunuz bana? Ne yapacağım şimdi? Hiç böyle yalan olur mu dünyada? Aslında yüreğiniz yanıyor, kavruluyorsunuz, ya doğruysa diyorsunuz, her saniye ölüyorsunuz, bence gerçeğe inanmak istemiyorsunuz, işinize gelmiyor çünkü! Yusuf, duyuyor musun beni, önerin işe yaramadı! Niçin geliniyorsun, o günün üzerinden kaç hafta geçti hesapladın mı? Öğünden önce iki haftada bir geliyordun, n'oldu sana? Beni böyle bırakma!"

Adam, oracığa yıkıldı adeta.

Başını önüne eğdi. Saçını avuçladı... Ancak kendinin duyabileceği bir sesle: "Ektiğimi mi biçtirdin bana Allah'ım. Hatamın bir başka cezası yok muydu?" dedi. Karısı da onu duymuş gibi ama geçmişte olan bir hatayı kendisi bile unutmaya çalıştığından oradan hızla uzaklaştı ve dışarı çıktı.

8

Seyit de karısı da uyuyamıyordu.

İkisinin de yüreğinde kuşku, korku, şaşkınlık vardı.

Seyit, kızını, iyi tanıdığını, yalan söylemediğini düşünüyordu. Sonunda kazdığı kuyuya kızı da düşmüştü. Sanki ektiğini biçmişti. Yine de içinden küçük bir ümit filizlenmişti. *Canan böyle bir şey yapmamış olabilir*, diye. Karısına dönüp bakamıyordu. Ona bir şey soramıyordu. Sessizce dalıp dalıp gidiyordu.

Seyit'in karısı da aynı şeyleri düşünüyordu ama Seyit 'ten farklı olarak da kızının Yusuf'u sevdiğini, bazen buluşup koklaştıklarını, konuştuklarını gözleriyle de görmüştü. Hiç oralı olmamıştı. Nasılsa bir gün büyüdüğünde yavuklusundan vazgeçecekti. Ama yanılmıştı işte.

Kendisine kızdı. Suçladı kendisini.

Ve dayanamadı: "Kızımın hâlini beğenmiyorum," dedi kocasına, "Seyit, ya söylediği doğruysa! 'Günahına girmekle kalmayız, bütün köylerde el âlemin ağzına sakız oluruz vallahi!"

"Ona inanmıyorum," dedi, "sınıyor bizi!"

"Hiç olmazsa," dedi, "bir yolunu bulup doktora götürsek diyorum, bakarsın..."

"Ulan," dedi Seyit öfkelendi, "bizi temelli rezil etmek istiyorsunuz ha! Bu olacak şey mi be! Kızım böyle bir hata yapmaz, inanmıyorum. O Yusuf denen yarı akıllı ile sadece böyle bir düzen kurmuşlardır belki, o kadar!"

"Bunlar," dedi karısı, "iki cahil, ama birbirlerini çok seviyorlar ve iki cahil diye korkuyorum zaten!"

"Olmaz öyle şey," dedi Seyit, "kızımı doktora götürmem. Alızlılar başka türlü laf çıkarır sonra!"

"Ya kızımız n'olacak, hiç düşündün mü?" dedi.

"Bak hanım," dedi Seyit, "canım burnumda bırak da uyuyalım biraz, neredeyse sabah olacak!"

"Gönül bu Seyit, gönül," dedi karısı, "nereye konacağı, ne yapacağı belli olmaz! Diyorum ki iş işten geçmeden..."

"Delirtmek mi istiyorsun beni?" dedi Seyit, "O sümüklü Yusuf'a verilecek kızım yok, kendisini assın daha iyi, duydun mu? Tükürdüğümü yaladığımı gördün mü hiç şimdiye kadar?"

"Ya dediğini yapar da!" diyerek sordu Seyit'e.

"Eğer üstüne varmazsan yüz bulmaz ve yalanını da, diğerini de unutur, tamam mı!" dedi Seyit.

"Gerçekten doğruysa söylediği, aynı gece kapımıza bırakırlar ve Alız bize cehennem olur, Seyit!"

"Artık tek söz duymak istemiyorum," dedi Seyit, "Canan söylediğini gerçekten yapmışsa, inşallah sözünde durur da kendisini öldürür, yoksa ölümü benim elimden olur!" Bir daha konuşmadılar, uyumaya çalıştılar.

Kadının dilinin ucuna geliyordu ki 'zamanında senin düşünüp beceremediğini, ya elin oğlu kızının güvenini kazanıp becerdiyse...' diye sormak, ama pişmanlık duyduğu ve olmamasını çok istediği o olayı hatırlatması karşısında tepkisinin büyük korkunç olacağını bildiğinden söylemekten vazgeçti.

9

Canan, bir yolunu bulup Yusuf'un annesini evde yakaladı. Başından geçenleri bir bir anlattı. Yusuf ile birbirlerini sevdiklerini söyledi. Ondan yardım istedi. Yusuf'un annesi Canan'a inanmadı. Canan da: "Doğru söylüyorum güzel anam." dedi ağlayarak, "Yusuf gelsin, sor ona, yalan söylemeyeceğini biliyorum, gerçekten oldu dediğim. Yusuf'a haber gönder gelsin. Beni kaçırsın. Onun yolunu gözlüyorum ama gelmiyor bir türlü. Mektuplarıma da karşılık vermiyor. N'oldu ona? Duvaklı bir gelin olarak elini öpmek isterdim ama bunu layık görmediler bana.

Yusuf gelsin, gelsin artık.

Bugün yarın düğünüm olacak.

Bu hâlimle gidemem. Annemin, babamın, kardeşlerimin yüzünü kirletemem, alınlarına kara leke olamam!"

Yusuf' un annesi: "Çık git evimden," dedi kolundan tutup iterek, "saçlarından tutar da sokak sokak rezil ederim seni. 'Bu kaltak oğluma zorla yamanmak istiyor' derim. Herkesi kandırabilirsin belki ama beni asla kandıramazsın. Yusuf benim kanımdansa değil sana en uzak akrabanızın bile kızına yanaşmaz. Canıma vurgun olduğunu bilirim elbet, köye geldi miydi kancık it gibi dolaşırsın peşinde, bilmez miyim? O, senle gönül eğlendirmiştir be! Ne yalan söyleyeyim, o babanın kızı olmasaydın, ne eder eder seni Yusuf'uma almaya çalışırdım. Seni severim, beğenirim ama bu iş başka. Başka kapıya git kızım, Yusuf'umun, evimin direğinin başına yakma! Oğlum dünyada seninle yatmamıştır, inanmam!

Gerçekse söylediğin, ilçeye gidin mahkemeye verin tutuklatın. Böyle olmaz bu!"

Canan ağlamaya başladı. "Çaresizim," dedi, "kıymayın bana! Yüreğimi sıkmayın. Günümü karartmayın! Babam sizi sevmiyor, siz babamı sevmiyorsunuz, neden? Bu düşmanlığın nedeni ne? Kabak benim başımda patlamasın! Ne suçum var benim, oğluna inanmaktan ve o istedi diye onunla yatmaktan başka? Kıymayın bana! Kendime kıysam bana, gelinlik giysem aileme yazık! Her yanım ateş, akrep, yılan. Bir yere kaçamıyorum!"

"Git dedim sana!" dedi Yusuf'un annesi.

Canan, bitkin bir biçimde evden çıktı. Yusuf'un annesi o gittikten sonra kapıya dayandı ve onun arkasından uzun uzun baktı. Kendi kendine: "Bir deri bir kemik kalmış Canan," dedi, "o güzelliğinden hiç eser kalmamış! Canan'ın ne günahı var? Babasının hatasından sorumlu değil ki! Yusuf, acaba başımdan geçen olayı öğrendi de sırf intikam almak için mi, yoksa gerçekten Canan'ı evlendirmesinler diye mi yaptı o işi? Peki iki haftada bir gelen oğlum onca zamandır neden gelmiyor, yoksa gerçekten de... Başımdan geçeni rahmetli kocam bile, zifafta kız olduğumu anladığı hâlde zamanla duyduklarına inanmışken, bu yüzden bana hayatı zindan etmişken, beni şuradan şuraya bile göndermemişken...

Nasıl öğrenmiş olabilir o olayı Yusuf?

Canan'ın babası boş bulunup da ağzından kaçırdıysa Alızlılar bir biçimde oğluma duyurmuşlardır, olabilir mi bu? Neden olmasın? Aklım almıyor. Ya gerçek Canan'ın söylediği gibiyse? O zaman iki haftada bir gelen Yusuf, haftalardır niçin gelmiyor köye? Acaba Canan'ı sevmesi bir oyun muydu? Ama ne zaman ondan söz açılsa gözleri parlardı. Onunla evleneceğini, birbirlerini çok sevdiklerini söylerdi. Yusuf, gel hele, sana soracaklarım var! Eğer Canan'ı intikamına alet ettiysen, sana analık hakkımı helal etmem! O hatasını fazlasıyla ödedi. Araya akil insanlar girdi. Ailelerimizi barıştırdı. Şu avuç içi köyde ne o bir daha gördü beni ne de ben gördüm onu. İki aile de birbirinin sevincine de acısına da ortak olmadı. Bir camiyi paylaştılar küçücük köyde, hepsi bu... Zoru başardılar mı diyeyim, peki niçin? Seni evladım bilmem! Yüzüne bakmam! Bu kapıdan içeriye sokmam seni! Ama gerçekten evlenmek için cahilce de olsa yaptığını onaylamıyorum ama, olduysa sonuna kadar ikinizin yanındayım! Gelirsen oğlumsun ama gelmezsen de Canan'ın babası Seyit'sin gözümde, anladın mı beni?"

Ve evden çıktı.

Koşarak muhtarın evine gitti.

İlçeye gideceğini biliyordu onun.

Yusuf'u görmesini, hemen köye gelmesini söyleyecekti ona.

10

Davul, zurna sesleri Alız'a yaklaştıkça Canan değişti.

Boğuldu. Davul zurna ile birlikte gelenleri gördü. Onların değiştiğini ve dönüştüğünü de... Şaşırdı. Korktu. Kendini götürmeye gelenler, kocaman yürüyen ateşlerdi. Yavaş yavaş kendisine yaklaşıyorlardı. Ateşlerin oluşturduğu çemberin giderek daraldığını ve ortasında da kendini fark etti. İyice baktı kendine.

Zavallı, çaresiz bir akrepti.

Bütün yollar tutulmuştu. Nefes almakta güçlük çekiyordu. Çevresinde güle oynaya eğlenen arkadaşlarından birisinin kulağına bir şey fısıldadı.

Arkadaşı: "Canan, ayakyoluna gidecek yol açın!" dedi.

"Şimdi sırası mı bunun canım!" dedi biri. "Her yer insan kaynıyor!"

"Avludaki tuvalete gidecek değil ya," dedi Canan'ın arkadaşı, "samanlığa inecek. Taze gelin el kapısında 'beni önce tuvalete mi götürün desin' ya hâlden anlayın biraz."

Canan, evin altındaki samanlığa indi.

Kimsenin yüzüne bakamıyordu. Samanlığa girdi, kapıyı sürgüledi. Buraya önceden sakladığı urganı çıkardı. Tavandaki direklerden birine bağladı hemen. Kısa bıraktığı uçtaki ilmiği boynuna geçirdi. O günü ve Yusuf'u anımsadı bir an için. Kararlıydı. Sonra kendisini boşluğa bıraktı. Samanlığın kapısında onu bekleyenler, kendi aralarında konuşup gülüşüyorlardı. Samanlıkta olanları bilmiyorlardı. Zaman ilerledikçe telaşlandılar, seslendiler, beklediler, kapıya dayandılar ama samanlığın kapısını açamadılar. Herkes birbirine baktı. Kadınlar, kızlar yardımlaşarak samanlığın kapısını zorladı ve kapının sürgüsünü kırdılar.

Kapı sonuna kadar açıldı.

Urganın ucunda sallanan Canan'ın yuvalarından fırlamış gözleriyle, göğsüne kadar inmiş dili, yanlara açılmış kolları ile karşılaştılar.

Bağırdılar birdenbire:

"Seyit'in Canan söylediğini yaptı!"

11

Bora öğretmen, tek başına kaldığı hasta odasının penceresinden dışarı bakıyordu. Düşünceliydi. Hastane koridorlarından gelen sesler azalmış, ziyaretçiler gitmişti. Sol ayağı dizden aşağı alçı içindeydi, iki yerden kırıktı. Ayağına yerleştirilen platini hissediyordu. Yine de üstüne basabildiği için seviniyordu. Kendini ziyarete gelen Alızlılardan duyduğu sevindirici haberler yüreğindeki acıyı biraz olsun azaltmıştı.

Çünkü Hüseyin'in ya da babası Zülfü'nün kendisini isteyerek vurabileceklerine inanmıyordu. Ama kendisini kimin vurduğunu herkesten daha çok merak ediyordu. Bu yüzden sık sık dalıyor, suçlu arıyor ama kimseyi de suçlayamıyordu. Hüseyin'in kendisini Vahap sandığı için vurduğundan emindi. Ama tepenin biraz gerisindeki kavaklıktan kimin ya da kimlerin ateş ettiğini bilmiyordu. O daha çok Hüseyin'i ve onun hakkında açılan kamu davasını düşünüyordu.

*Topluma Farklı Bakış'*çıların getirdiği kitapları ve gazeteleri torbadan çıkardı. Hepsini tek tek inceledi. Topluma Farklı Bakış'ın biriken sayılarını okumak istedi. İki yapraklı, özgün bir gazeteydi, bu yüzden çok seviyordu. Bu gazetenin bir sayısındaki haber yüreğini parçaladı. Haberi art arda birkaç defa okudu. Gözlerini yumdu. Öylece kalakaldı.

"Canan Sak (16) isimli genç kızın, evleneceği gün intihar etmesinden sorumlu tutulan (aynı köyden) Yusuf Kil (17) mahkemede Canan'ı çok sevdiğini söyledi. Onunla, başkasına vermesinler diye, ilişkiye girdiğini, evlenmek istediğini; Canan'ın babasının yıllar önce annesine tecavüz ettiğini öğrenince de onu yüzüstü bıraktığını, sevdiği kızın bu yüzden intihar etmiş olabileceğini, soğukkanlılıkla itiraf etti. Şimdi ise olanlardan büyük bir pişmanlık duyduğunu, cezasına razı olduğunu söyledi."

Topluma Farklı Bakış

4. Bölüm

1

Pancar Üreticileri Birliği'nin temsilcileri, gösterilen odaya girdikten sonra; masayı, sandalyeleri tekmelemeye, oraya buraya savurmaya ve küfretmeye başladılar. Yakası açılmadık küfürlerle sendikacıları ve Bora öğretmeni aşağıladılar. Sonunda, sözcü, arkadaşlarına sakin olmalarını işaret etti. Kapıda birinin olabileceğini, seslerini duyabileceğini, bunun da kendileri için iyi olmayacağını kaşla göz arasında söyledi usulca. Her biri bir sandalyeye oturdu. En zayıfları cebinden yabancı sigara paketi çıkardı. Önce şişman sözcüye, daha sonra da diğerlerine uzattı. Birer sigara yaktılar. İlk çekişten sonra zayıf üyeden çay istemesini söylediler. Zayıf üye isteneni yapmak için dışarı çıktı. Bir süre sonra çaylar geldi. Çayları zayıf üye dağıttı. Yerine oturdu. Odada sessizlik vardı. Çay bardaklarını dillendiren kaşıkların ritmik sesi yayıldı. Ardından da birkaç üyenin öksürükleri...

Şişman sözcü, gözlerini onların üzerinden ayırmadan:

"Canları cehenneme ya, demek geçiyor içimden ama," dedi, "olmuyor, olmuyor artık! Öyle bir zamanda kıstırıldık ki bir şey yapamıyoruz. Neredeyse ayaklarına kapanacağız ve bütün şartlarını kabulleneceğiz. Ama suç bizde, hepimiz de hiç oralı olmadık. Bir şeyler yapmak isteyen arkadaşlarımıza sahip çıkmadık. Sonuç böyle oldu. Yumurta kapıya dayandı biz... Değil mi yani, eğri oturup doğru konuşmak gerekiyor."

Zayıf üye atıldı hemen: "Bence," dedi, "onların şartlarını reddedelim! Canları cehenneme diyelim, başkanım. Ölmek olsun da dönmek..."

Bir başka üye: "Ne zaman ne söyleyeceğini bilmiyorsun be," diyerek onun sözünü kesti, "ırgatlara ihtiyacımız var. Artık yapacak bir şey kalmadı, onların istediklerine yakın durmaktan ve bir an önce onlarla anlaşmaktan başka. Bu yüzden mantıklı olmak zorundayız!"

Kır saçlı ve sakallı, uzun boylu üye: "Gerçekten de," dedi, "işimiz çok zor. Ne yapacaksak bir an önce yapmalıyız, tarlalar ırgat bekliyor, ürünler ölüyor, dillenip kurtarın bizi ölüyoruz diyecek duruma geldiler. Ne yazık ki lafla peynir gemisi yürümüyor, şimdi zararın neresinden dönersek kârdır demenin zamanı ve buna uygun davranmanın da, öyle değil mi arkadaşlar?"

En kısa boylu kara yağız üye: "Ben onu bunu bilmem," dedi, "Keşke o Bora iti ve Topluma Farklı Bakış'ın sahipleri gebertilseydi... O kadar iyi olacak ki sormayın. Ta burama kadar geliyor, neredeyse kendim onların... Demek boşuna insanlar katledilmiyormuş canım, katledilenler hep böyleleri olmalı. İyi de oluyor, bunları da birileri; aynen onlar gibi..."

Şişman sözcü, elinin birini kaldırdı. Üyeler sustu.

"Bence şimdi," dedi, "gereksiz yere konuşuyoruz ve canımızı sıkıyoruz. Gerçekten de olması gereken, zararın neresinden dönersek kârdır sözüne uygun davranmak. Diyorum ki uyumlu görünmekten ve önerilerini yumuşatarak kabullenmekten başka bir şey gelmiyorsa elimizden bundan yararlanmaya bakalım. Sözün gerisi bence gereksiz ve de yersiz."

Kısa boylu kara yağız üye, ayağa kalktı:

"Ne yani teslim mi olacağız onlara?" dedi bağıra bağıra.

Şişman sözcü gözlerini kısa boylu kara yağız üyenin ela gözlerinin içine dikerek: "Seni anlamadığımı düşünme sakın," dedi, "çok iyi anlıyorum ama şimdilik söylediğimi yapmaktan başka çaremiz kalmadı, maalesef!"

"Neden ama?" diye sordu kısa boylu kara yağız üye.

Sözcü: "Ya beni konuşturmayın," dedi, "dönüp dönüp en başa geliyoruz çünkü. Ben de bir önce söylediğimi yinelemekten bıktığım için bir kere daha söylemek istemiyorum. Ama şunu bilin artık, bir kere köylüye gösterdiğini köylünün elinden alamazsınız. Bu bir gerçek ne yazık ki. Hoşunuza gitse de gitmese de. Ve bu gerçek, keçi gibi inatçı üstelik. Kabul etmek durumundasınız, başka yolu yok bunun! Bunu bilmediğini söyleme sakın!"

Zayıf üye sözcünün konuşmasını bitirmesinden sonra ayağa kalktı. Arkadaşlarına baktı. Sonra da sözcüye döndü onun gözlerine bakmadan, gözlerini yere indirerek sordu:

"Neden, bu kadar mı çaresiz durumdayız yani?"

Sözcü, yumruğunu masaya vurdu. ,

Gözleri çakmak çakmaktı. Çay bardaklarından biri yere düştü ve kırıldı. Herkes bir an için önce bardağa baktı ve daha sonra tekrar sözcüye döndü. Pür dikkat ona baktı. Dudaklarından dökülecek her sözcüğü bir anda kapacak yuva kuşları gibiydi.

Sözcü, ağır ağır: "Beyler," dedi, "daha nasıl söylesem bilmem ki, *geçti Bor'un pazarı sür eşeğini Niğde'ye,* diye bir atasözümüz var, anladınız mı bunu? Arif'e tarif gerekiyor demek ki. Şimdi bir masal var, bilir misiniz. Kurnaz ama bir lokma yiyeceğe muhtaç bir tilki dolaşırken bir karga görür. Karga bir dalda tünemiş ve ağzında da, kocaman bir dilim peynir. Ağzı sulanır. Ve kendisi gibi bir tilkinin başından geçen aynı olayda söylediği sözler aklında gelir ve hemen kargaya dil döker, Karga, tilkinin söylevi bittikten sonar biraz eğilir, ona bakar. Gözleri parıl parıl parlayan tilkinin sevinçten bir hâl olduğunu görür. Daha fazla beklemez ve kanatlarından birini kaldırır, el gibi peynire uzatır, peyniri sıkıca tuttuktan sonra, size biraz önde söylediğim atasözünü söyler. Yani der ki: *Geçti Bor'un pazarı sür eşeği Niğde'ye*. İşte sendika köylüleri, ırgatları, topraksızları bu karga hâline getirdi. Aynı ırgatlardan artık bize 'peynir' yok. Bundan sonra peyniri onlara biz vereceğiz! Her iki yılda bir onlarla bu peynirin ne kadar olacağını konuşacağız. Çıkarımıza uyuyan ve bu uykuda bizim için üretenleri uykudan uyandıran bir çeşit sihirli öpücük oldu sendika. Anladınız mı? Onun için boş yere çenelerinizi yormayın. Bir an önce onların şartlarını inceleyip kendimize uygun hale getirelim ve bu işi bir an önce bitirelim ki ürünlerimizi daha fazla gecikmeden kaldıralım, yoksa daha çok zarar edeceğiz."

Üyeler bir şey söylemedi.

Kısa zamanda yapmaları gereken iş için bir araya toplandılar ve çalışmaya başladılar.

2

Vahap, suçluymuş gibi ne komutanın ne de jandarmaların gözlerine bakabiliyordu. Komutanın karşısında oturuyordu. Gözlerini yerden alamıyordu. Komutan soruyor o da yanıtlıyordu. Aklında hep Bora öğretmen vardı. Bora öğretmenin vurulmasından çok önceki karşılaşmalarından söz etti komutana.

"Bora öğretmeni," dedi, "bana sık sık yazdığı mektuplardan tanıyordum. O gün de şahsen tanışmıştık. İçten biriydi. Güler yüzlü, sakin. Kanım kaynadı. Geçmiş olsun dileğinde bulunduktan sonra, mektuplarında sözünü ettiği olaya girdi hemen. Karşılıklı oturmuş çay içiyorduk.

" 'Nasıl söylesem bilemiyorum Vahap Abi,' dedi, 'köye bir süre için gelmesen, diyorum. Biliyorum senin için çok zor olacak ama Zülfü'nün niyetini biliyorsun, Hüseyin ile sana olacak olan...'

"Bu çözüm olmaz,' dedim.

'Alız'a gitmemen korkaklık olmayacağı gibi, gitmen de yiğitlik olmayacak ama,' " dedi.

'Bak, dedim, bir anlık öfkemin ve bana kötü bir şey yapacağının korkusundan bu duruma düştüm. Hikâyeyi biliyorsun işte anlatmama ne gerek var. Hapisteyken okumayı, yazmayı öğrendim. Hatta bir altın bilezik de edindim. Alız dışında nereye gidersem gideyim geçinebilirim yani. Ama insan çevresiyle, değer yargılarıyla yaşar. İnsan, içinde yetiştiği sosyal koşulların eseridir. Anlıyor musun beni? Zülfü, düşündüğünü yapmazsa ya da yaptırtmazsa, ateş çemberinin ortasında kalmış bir akrep gibi olacak, iyi biliyorum. Ateş yaklaştıkça da boğulacak, kurtulmaya çalışacak. Onun kurtuluşu benim, ben! O, bugüne kadar biraz da olsa rahatça ve herkesin yüzüne bakarak gelebildiyse benim yüzümdendi bu. Çünkü bir gün hapisten çıkacağımı ve kanını benden alacağını biliyordu. Bununla yaşıyordu. Bunu düşünüyordu. Alız'da yaşaması buydu işte! Benim özgürlüğüm olan bugün, Zülfü'nün gerekçesinin bittiği gündür aynı zamanda. Yani bizler, ortamlarımızın ürünleriyiz.

Bizim dışımızda gelişen nedenlerden dolayı Alız'a dönmek zorundayım. Alız'da yaşamak ve kalmak benim de hakkım. İşte bu yüzden gitmek çözüm değil. Onu ve beni çıkmazımızdan uzaklaştıracak koşullar yok olmadıkça mekânın ne önemi var, Bora öğretmen! Nerede olursam olayım, o düşüncesini bir biçimde hayata geçirmek zorunda, kendisi için. Töreler için. Alız için. Öldürmek, ölmektir bir bakıma. Bu yüzden insan kendini bir kere öldürür. Beni öldüren de ölecek. Kendim de yaşadım bunu! Aslında bakmakla yükümlü olduğum herkes, bensiz bir yaşamın yabancısı değil artık. Beni kaybetmeleri ilki kadar etkilemeyecek onları, biliyorum! Elbette ki üzülecekler, ağlayacaklar ama anlatmak istediğim çok daha farklı bir şey! Sonra iş olacağına varır, üzülme. Şu ana kadar bıkmadan usanmadan yaptıklarım bile yeterli aslında. İnan, birlikte ve yan yana yaşamak için yapmam gerekeni bildiğim an yaparım.' O, bir daha konuşmadı komutan.

Kalktı. Gülüyordu.

Onunla birlikte Alız'a gidecektim aslında.

Keşke daha önce işlerimi yapsaydım da onunla birlikte köye dönseydim. Benim yerime yanlışlıkla vurulduğuna inandığım Bora öğretmenin bu duruma düşmesini istemezdim. Yanında olsaydım sonuç değişir miydi bilmiyorum ama yanında olmayı isterdim doğrusu. Ve gerçekten onun yerinde olup vurulmak isterdim. Ama bir şeye çok seviniyorum, bunca şeyden sonra. İyi ki ilçede kalmamışım. İyi ki Deli Fadik, onu aramayı akıl etmiş. İyi ki yolcusu olduğum minibüse yetiştirmiş, tesadüfen de olsa!"

Komutan, ince uzun boylu, sarışın birisiydi.

Vahap'a baktıktan sonra sordu:

"Başka bir diyeceğin var mı?" diye.

Vahap: "Hayır komutanım," dedi usulca.

Komutan, yazıcıya toparlanmasını işaret ettikten sonra, muhtara döndü.

"Zülfü efendinin" dedi, "evini göster bakalım. Azaların köyde mi senin?"

Muhtar: "Azalar köyde komutanım." dedi. Komutan, köylülerin boşalttığı kahvehanede muhtarla konuşmak istiyordu. Bu yüzden Vahap'ın ve kahvecinin dışarı çıkmasını söyledi. Daha sonra muhtarla yalnız kaldı. Muhtarın yüreği ağzındaydı. Komutanın neler soracağını merak ediyordu. Bu işten en çok rahatsız olanlardan biri de muhtardı çünkü. Bora öğretmen, ne olursa olsun sonunda devletin bir görevlisiydi ve devlet görevlisini vuran birinin Alız'dan çıkması hiç de hoş değildi. Çünkü Alız'ın adı çıkardı. Başka bir öğretmen gelmek istemezdi. Çocukları eğitimsiz kalırdı. Onların çocuklarını okutmaktan başka bir beklentileri de yoktu. Olanakları ölçüsünde okuttukları çocukları devletten bir iş kaptıktan sonra, onlar için pantolonun kemeri gibiydi. Ölene kadar onlara yamanıyorlardı. Başka çareleri yoktu. Gerçi okuyup iş sahibi olanların çoğu da annesini, babasını unutuyor ve bir daha da Alız'a dönmüyordu. Yine de Alız'ın öğretmensiz kalmasını istemiyordu çoğu Alızlı. Muhtar da bunlardan biriydi.

Sonunda komutan açtı ağzını ve sordu ilk sorusunu.

Muhtar biraz olsun rahatladı böylece. Komutan Zülfü'nün teslim ettiği tüfeklerden başka silahı olup olmadığını, kavaklıkta Hüseyin pusu tepesinden heyecanlanıp vuramaz diye kendisinin de pusuya yatıp yatmayacağını, Bora ile aralarında bir sorun olup olmadığını, onun tabanca veya tüfekle atıcılığının nasıl olduğunu da sordu. Muhtar, Lütfü'nün teslim ettiklerinden başka silahı olmadığını söyledi bildiği kadarıyla, varsa ve gizlemişse de bilgisinin olmadığını ekledi sonunda. Ayrıca onun kavaklıkta pusu kuramayacak kadar korkak olduğunu da üstüne basa basa söyledi komutana. Ama yüz metreden bir yumurtayı bile rahatça vurabilecek kadar keskin nişancı olduğunu azaları da şahit göstererek belirtti. Silahla da koca bir ineği bile vuramayacağını gülerek anlattı. Bora öğretmenle de sorunu olmadığını sözlerine ekledi. Aksine Vahap'ı unutmasını ve oğlunu ona karşı kinle beslememesini sık sık söylediğini bunun da herkesçe bilinen bir gerçek olduğunu da açıkladı.

Kahvehaneden çıktılar birlikte Zülfü'nün evine gittiler.

3

"Yedin Hüseyin'in başını Zülfü, yediiin! Karalarına bir kara daha çal şimdi! Beni dinlemedin de n'oldu? Ne yüzle çıkarsın artık insan içine? Kendini dağdan dağa vur, derin uçurumlardan at, kuyulara gir! Hüseyin'imin kanına girdin! Oğlumu diri diri mezara gömdün! Evlat katili! Boyun yıkılsın ağaç gibi! Bora öğretmeni vurdurdun da ne geçti eline! Çocuğumu serseme çevirdin işte! Seçemedi, bilemedi öğretmenini yavruuum!

Yanlışlıkla vurdu onu! Bilerek vurmaz!

Hüseyin'im sever, sayar Bora öğretmeni! Alızlılar bilir bunu! Nerelere gideyim, kime içimi dökeyim! Evimizi mezar yaptın Zülfü! Diri diri gömdün hepimizi! Elin oğlu can çekişiyor şimdi! Elin oğluna mı kendi oğluma mı yanayım! Hüseyin'im hangi dağlar da geziyor acaba!

Ne yapar, ne eder bir başına?

Nereye sığınır, ne yer, ne içer?

Bizi yaktın Zülfü, sen de yan cayır cayır!

İçim yanıyor benim, içiiiiim! Hüseyin'imi okutacaktım. Büyük adam olacaktı yavrum! Koyunları ona feda edecektim. Dizimin dibinden ayırmayacaktım. Ona köle olacaktım! Dünyamı başıma yıktın, beni yaktın! Hüseyin'imi bir ateşin içine attın! Bir şey yapamıyorum! Elim kolum bağlı! Çaresizim! Yolsuzum! Ah keşke gücüm yetseydi de onu dağlara götürmene, tüfek kullandırmana, onu katil yetiştirmene engel olabilseydim! Sana engel olamadım Zülfü! Ah suç bende! Bir tavuk, bir şahin, bir kartal kadar olamadım! Hüseyin'imin beynini yıkadın, yalanlarla! 'Deden, Kemik Hüseyin'den de yiğitti. Bileği bükülmezdi. Sözü dinlenirdi. Şu kapılar ona dar gelirdi. Boyluydu...' Yalandı, yalan! 'Ama deden kocayınca çakal Vahap'ın gözünde kurt olmuş, yaşlımı yaşlı bir kurt ha. Dedeni gözüne kestirmiş! Köyde değildik o vakit,' köpeğin köpeğimi boğdu' diyerek dedene saldırmış. Kalleşçe ama. Gücü yetmeyince de bıçağını çıkarıp sol böğrüne saplamış... Bedeni kanlar içinde, bırakıp kaçmış Alızlılar alıp götürmemişler at sırtında dedeni biliyor musun, ölmüş kan kaybından...' diye diye Hüseyin'imi kanlı bir katil yaptın Zülfü duy artık, muradına erdin!

Vahap dediğin o vakit, on beş bilemedin on yedi yaşında bir yeniyetme, üstelik de yeni evli. Karısı iki canlıydı. Küfredersen, iti üstüne salarsan, ne yapsın zavallı... Duy beni Zülfü, suç biraz da öldürülende olmuyor mu? Ama olan zavallı iyi insan Bora öğretmene oldu, Hüseyin'ime, biliyor musun?" diyor, ağlıyor, bağırıyor, kendisini yerden yere atıyordu Zülfü'nün minyon tipli karısı.

Komutan daha fazla dayanamadı.

"Muhtar," dedi, "sustur şu kadını!"

Muhtar, Zülfü'nün karısına sokuldu; "gelin bacı," dedi, "sus artık ayıp oluyor!"

Kadın: "Benim yüreğim yanıyor," dedi muhtara, "sen diyorsun sus muhtar emmi. Oy ben nerelere gideyim, başımı hangi taşlara vurayım, gitti aslanım, evladım Hüseyin'im!"

Muhtar: "Bacı," dedi, "komutan da vazifesini yapacak ama karıştırma kafasını, uzaklaş buradan."

Muhtarın işaretiyle, biraz uzaktan onları seyreden kadınlardan birkaçı gelip Zülfü'nün karısını sakinleştirmeye çalıştı ama yine de bağırıyordu: "Yeter demesi kolay gelir size bacılar, analar, komşular" dedi, "ateş düştüğü yeri yakar, biliyorsunuz değil mi? Elin garibini, oğlumu yakan domuz gebersin komşular! Yalvardım, rüzgâr eken fırtına biçer dedim, beni dinlemedi ki!"

Bir kadın: "Bacı sus," dedi, "rezil oluyoruz ama!"

"Zaten rezil olacağımız kadar olmuşuz be!" diye çıkıştı ona.

Komutan bağırdı tekrar:

"Hüseyin'in eline silah verirken düşünecektiniz bunları yenge. Bağırma daha fazla bak..." dedi ve sustu.

Kadın: "Ben oğlumun eline silah vermedim," dedi, "oğluma çok yalvardım komutan, oğlum beni dinlemedi, Bora öğretmeni dinlemedi. Hüseyin'im suçlu değil. Bunu Alızlılar bilir. Onun kafasına bunu babası soktu. Şahidim. Alızlılar da şahit, kime istersen sor bunu.

"Zülfü'yü asın, kesin, kurşuna dizin ama almayın Hüseyin'imi benden. Onsuz ne yaparım. Nereyi isterseniz arayın, iki tüfek ve bir tabancadan başka bir şeyimiz yok, oğlum da yok! Zülfü de yok evde. Oğlum olsaydı yüreğime saklardım inanın. Onu size vermezdim ve siz de bulamazdınız ama Zülfü'yü ellerimle teslim ederdim. Oğlumun yerini bilmiyorum gerçekten. İnanın bilsem söylemez miyim? Onu getirmez miyim, yanımda tutmaz mıyım?"

Komutan sinirlendi ve kadının üstüne üstüne yürüdü, bir yandan da: "Dönüp durma lan etrafımda," dedi, "kes şu sesini! Asker uzaklaştır şu kadını buradan yoksa elimin tersiyle..."

İki üç asker kadını evin avlusundan dışarı çıkardı. Girmesin diye de kapıda beklediler.

Muhtar, komutan ve birkaç asker eve girdi.

Her yeri didik didik aradılar. Evin altını üstüne getirdiler. Döşekleri, yorganları, yastıkları bir bir indirdiler. Kap kacak dâhil. Sonunda kadına ve muhtara evrakları imzalatıp gittiler.

4

Zülfü, ağaçların arasına dağılmış olan koyunlara ve kendine sürtünen kocaman iki köpeğine hiç mi hiç aldırmıyordu. Uzaklara bakıyordu. Ne yapacağını, nereye gideceğini ve kimin kapısını çalacağını bilmiyordu. Güvendiği dağlara kar yağmış, çaldığı kapılardan geri çevrilmişti. Hiç kimse yardımcı olamıyordu ona. Bu yüzden bir şey yapamıyor, öylece bekliyordu. İlçedeki avukatlardan biriyle konuşmak istemiş, avukat para isteyince de bundan vazgeçmişti. Sıkıştığında koyunlarından verdiği kasaba gitmiş, ona yalvarmış sonunda kasabın yardımıyla oğlu için uygun fiyata bir avukat tutmuştu. Avukatın parasının dörtte birini karşılamak için beş koyun satmıştı üzülerek. Evet beklemekten başka yapacağı bir şey yoktu. 'Hüseyin'in yanına gidemem artık' diyordu içinden. Hele oğlunun yanlışlıkla Bora öğretmeni vurduğunu öğrendikten sonra daha da tuhaflaşmıştı. Konuşmuyor, gülmüyor, yemiyor ve hep onu düşünüyordu. Kazdığı kuyuya düşmüştü. Diri diri dibindeydi kuyunun ve dün ya bulunduğu yerden gördüğü kuyunun ağzı kadardı. Üstelik de binlerce el toprak avuçlatıp atıyordu üstüne üstüne. Gömülüyordu atılan toprağın içine ve kurtulamıyordu. Ne gündüzü gündüzdü ne de gecesi geceydi. Bora öğretmen çıkmıyordu aklından. Olana bitene bir anlam da veremiyordu bir türlü.

Hüseyin'in Bora öğretmeni nasıl fark edemediği de bir muammaydı aslında. İçinden geçen tüm sorulara mantıklı karşılık veremiyordu hiç. Yine böyle düşünceler içindeydi.

Bir kayanın önünde oturmuştu.

Gözlerini de yummuştu.

Birdenbire karşısında Bora öğretmeni gördü:

"Hüseyin bıçakla dolaşıyor, bıçağı okula getiriyor Zülfü." diyordu. İçten konuşuyor ve yalvarıyordu. 'Seni dinlemek varmış be Bora öğretmen' dedi içinden Zülfü.

"Zülfü," diyordu Bora öğretmen, "vazgeç bu karasevdadan. Olan

olmuş. Hiçbir şey babanı geri getirmez! Vahap öyle bir bedel ödedi ki sorma, onun yaşadıklarını bir an için yaşasan beni daha iyi anlarsın. Okuman vardır, işte onun gönderdiği mektupları vereyim sana oku! Gör, ne kadar pişman olduğunu. Hapisten çıktıktan birkaç gün sonra askere alınacak birini vurdurmak yakışır mı sana. Hayatı bitmiş zaten. Hastalıklı da. Ne olacağı belli mi, Hüseyin'i düşün, sonra kendini... Hüseyin'i bırak, kanına girme oğlunun. Kanı kan ile yıkamak iyi değil Zülfü."

Zülfü, içinden yalnızca Bora öğretmene değil karısına da hak veriyordu. Onu da görüyordu bazen. Çünkü karısı da Hüseyin'i korumaya çalışıyordu, kendisini kininden vazgeçirtmek istiyordu. Karşısında karısı ve Bora öğretmen varmış gibi usulca: "Sizi dinlemek varmış," dedi, "ne yaptım ben? Öfkeyle kalkıp zararla oturmak bu olsa gerek... Öfke ateşmiş, yakmış beni. Alev her yanımı sarmış kör etmiş beni. Farkına varamamışım, görememişim önümü Hiç akıl edememişim bir aksilik olur diye. Bir yapacağımıza odaklanmışım, vay ben ne yaptım, neler yaptırdım. Çıkar çıkmaz askere almayacaklarını ben de duymuştum aslında ama inanmamıştım. Bir iki gün köyde kalır sonra da askerlik için jandarma onu götürür sanmıştım. Bu yüzden ilk günde indirmeyi kafama koymuştum. Ah ben ne yaptım, oğlumu, yiğidimi, kendimi içimin sönmez ateşine attım da bilemedim... Hüseyin'i, üvey kardeşleri gibi Yusuf'un bir kuyuya attım, şu ellerimle! Yusuf'u kurtaran kervancıları da yok Hüseyin'imin! Kuyuyu kendim için kazmışım. Bu kuyu benim mezarım sanki. Yavaş yavaş ölüyorum. Kaş yapayım derken göz çıkarmak bu olsa gerek!

"Gözleri kararmış olmalı yavrumun, heyecanlanmış olmalı! Yoksa Bora öğretmeni bile bile vurmaz oğlum! Ne çok sevdiğini onu, bilirim en az beni sevdiği kadar ama... Vahap geç gelmiş, Bora'nın da ilçeye gideceği tutmuş o gün ha! Yakamızı bırakır mı devlet? Vurulan devletin memuru! Ceza üstüne ceza yağdırırlar bana, oğluma... Karım, çocuklarım ve koyunlarım ne yapar bensiz. Allah'ım ne yaptım böyle! Yavrum, Hüseyin'im nasıl bilemedin Bora öğretmeni nasıl? Aklım almıyor, aklım almıyor bunu?

"Ah Bora öğretmen, sana ne söyleyeyim be, bilerek yapsaydın bunu, bu kadar olurdu yani! İlçeye gidecek, dönecek başka bir zaman

bulamadın mı ya! Sana ve Hüseyin'ime yazık olmadı mı şimdi?

"Lan oğlum, nasıl tanımadın, bakmadın gelene? Gözlerine perde mi indi yoksa? Hüseyin'im elim kolum kırık, bu yüzden yanına gelemiyorum. Ne yapacağımı bilemiyorum! Çaresizim, çıkmazlardayım. Buraya çakılı kaldım. Bir yere gidemiyorum. Yüzüne bakamıyorum, yanına varamıyorum.

"Kavaklıktan ateş eden ben değildim! Allah biliyor ki ben değildim o, ne Alızlılar inanır bana ne de devlet! Kavaklıktan ateş edeni gördün mü acaba? Bunu öğrenip kendimi temize çıkartmak için bile yanına gelemiyorum güzel oğlum. Güya sen pusu tepesinden Vahap'ı vuramazsın diye ben senden gizli kavaklıkta pusu kurmuşum ve tabanca ile. Neler uyduruyorlar görüyor musun? 'Kavaklıktaki ben değildim' diyorum, inanmıyorlar bana. Kendimi temize çıkaramıyorum. Yanıma gelip de 'Bora öğretmeni niçin vurdun Allah aşkına, iyi de etmişsin!' diye soranlar bile oluyor. Elin adamından bir alıp veremediğim yok ki... Hadi Hüseyin onu tanımadı ama Zülfü sen mutlaka gelenin Bora öğretmen olduğunu anlamışsındır, nedeni nedir, çok merak ediyoruz diyorlar, utanmadan sıkılmadan. Kovuyorum gelenleri, inan. Biz ne yaptık Hüseyin'im! Eğer kavaklıktaki ben olsaydım, Bora'yı tanırdım, sana seslenirdim sen de beni dinlerdin, ateş etmezdin. Kavaklık aklıma gelmedi hiç bir zaman; keşke aklıma gelseydi. Keşke orada pusuda olan ben olsaydım. Seni de Bora'yı da kurtarırdım, Vahap'ı da sonra... Ama bunların olmayacağını biliyorum. Olan oldu, ne yapalım şimdi? Baba oğul Bora öğretmene pusu kurmuşuz. Bu kadar içlenmemize bir neden varmış, söylemiyormuşuz! Alızlılar insanı delirtir be! Herkes olur mu olmaz mı diye düşünmüyor, ama her aklına geleni söylüyor! Keşke senin yerinde orada ben olsaydım da!"

Köpeklerin havlamasıyla kendine geldi Zülfü, arkaya çevirdi başını, komutanla ve jandarmalarla göz göze geldi. Köpekler, kudurmuş gibi saldırıyorlardı. Jandarmalar ve komutan Zülfü'ye bağırıyor, köpekleri uzaklaştırmasını yoksa onları vurmak zorunda kalacaklarını söylüyorlardı. Zülfü hemen oturduğu yerden ayağa kalktı. Köpeklere koyunların yanına gitmelerini işaret etti.

Köpekler havlamaktan ve gelenlere saldırmaktan vazgeçip koyunların yanına gitti.

Komutan heyecanla: "Yine ne planlar mı kuruyordun Zülfü efendi." dedi.

Zülfü, gözlerini yere eğerek karşılık verdi. "Hiçbir plan yapmıyordum komutanım, sadece düşünüyordum..."

Komutan, ona biraz daha sokuldu ve çenesini yukarı kaldırıp hırsla gözlerine bakarak: "İş işten geçtikten sonra," dedi, "düşünmen bir şeye yarıyor mu peki!"

Zülfü, canının yanmasına aldırmadan: "Çok haklısınız komutanım," dedi, "*bir musibet bin nasihatten iyidir* dedikleri çok doğru, bunu geç de olsa öğrendim öğrenmesine ama..."

Komutan onunla alay ederek: "Ya," dedi, "bizim Zülfü efendi neler de biliyormuş ya! Hüseyin'i teslim et artık, bu dediklerine inanayım, anladın mı beni!"

Zülfü, silahlarını üzerine çeviren jandarmalara ve etrafında alıcı bir kuş gibi dolanan, sarışın, ince uzun boylu komutana uzun uzun baktıktan sonra:

"Onun nerede olduğunu bilmiyorum," dedi, "bilsem..."

Komutan bağırarak: " Bilsen de söylemeyeceğini ve yalan söylediğini ikimiz de biliyoruz ulan! Onu buralarda bir yerde saklıyorsun," dedi, "bunu biliyorum, benim canımı daha fazla sıkma!"

Zülfü, kekeleyerek: "Hüseyin'i," dedi, "kavaklıktaki kişiyi görmüş olabilir diye arıyorum, onu söylerse ben temize çıkarım, siz de..."

Komutan, Zülfü'nün çenesine bir yumruk attı. Zülfü sendeleyerek yere düştü. Kepeneği üstünden sıyrıldı. Köpekler yeniden havladı. Zülfü öylece kaldı. Komutan bir de tekme attı ona.

"Ulan ne diyorsun sen," dedi, "baba oğul birleşin, pusu kurun, öldürmeye çalışın sonra da yarım aklınla beni kandırmaya çalış, öyle mi; yutar mıyım! Hüseyin, on üç bilemedim on dört yaşında bir çocuk, değil mi? Bir çocuktan bahsediyorsun bana, profesyonel bir katilden değil, salak! Buralarda tek başına saklanamaz, barınamaz, yaşayamaz anlıyor musun? Kavaklıktaki belki sendin belki de sen değildin ama bildiğim hiç de temiz olmadığın. Oğlunu azmettirensin. Herkes gibi biliyorum bunu. Şu an serbestsin diye temiz mi oluyorsun yani."

Zülfü: "Allah biliyor ki..." dedi.

Komutan eğilerek ve onun gözlerine bakarak: "Ulan iyi ki bunu öğrenmişsiniz ha," dedi, "başınız sıkıştı mıydı Allah diyorsunuz, inanır mıyım ben?"

Zülfü, komutana inanmasını mırıldandı. Komutan daha da öfkelendi ve ona bir tekme daha savurdu. Zülfü acıdan inledi bu sefer.

"Bana bak Zülfü," dedi komutan, "beni daha fazla çıldırtma, oğlunun yerini söyle! Bana yalan söyleme! Kan güdersin koyunlarınla beraber öyle mi? Ulan bu memleketin mahkemeleri, kanunları yok mu?"

Etrafı aramaktan dönen üç dört jandarma komutana, hiç kimseyi görmediklerini söyledikten sonra, komutan onbaşıya Zülfü'yü kelepçelemesini işaret etti. Onbaşı söyleneni yaptı hemen. Komutan önden gitti, arabaya doğru. Jandarmalar da aralarına Zülfü'yü alarak onu takip ettiler.

5

Hüseyin, pencerenin önünde oturmuş sokakta oynayan çocukları seyrediyordu. Üzgündü. Düşünceliydi. Birdenbire çocukların can havlıyla bir anda kaçıştıklarını, daha sonra da korktuğu şeyi gördü. Yüreği ağzına geldi. İrkildi. Ter bastı. Dondu kaldı. Bir at, ayağındaki bukağıya karşın yürümeye çalışıyordu. Bir ara durdu. Pencerede duran ve gözleri iri iri açılan Hüseyin'le göz göze geldi. Hüseyin attan gözlerini alamıyordu. Öylece bakıyordu. Daha sonra at seke seke gözden kaybolunca Hüseyin de içinden: "Aynı senin gibiyim," dedi "ama benim ayaklarımda görünmeyen bukağı var! Anneme, kardeşlerime ve arkadaşlarıma gidemiyorum. Babam da gelmiyor. Geleceği de yok! Babam, beni kandırdı! Söyledikleri hep yalanmış! Zeynel amca, karısı ve çocukları bana karşı çok iyiler. Hatta benim burada olduğumu bilen komşuları da. Beni içten seviyorlar. Fakat ben yine de yalnızım! En çok annemi özlüyorum ve düşünüyorum. Beni, babama uymamaya ikna etmeye çalışan, babama karşı çıkan ve bu yüzden de babamdan sık sık dayak yiyen güzel annemi. Sözünü tutmadığım annemi...

Beni, eskisi kadar seviyor mu şimdi? Beni özlemiş midir? Burada olduğumdan haberi var mı? 'Baban, korkağın teki Hüseyin'im. Sen uyma ona. O, seni kanlı bir bıçak yapmak istiyor. Dedenin kanı yerde kalmayacakmış bu önce ona düşer. Cesareti varsa o yapsın, sen bu işe karışma güzel oğlum. Yüreksizin birisi baban, babanın ipiyle kuyuya inme. Sen Yusuf gibisin gözümde. Baban da üvey kardeşleri gibi Yusuf'un. Kuyudan çıkamazsın, kimse de çıkarmaz seni bırak bu boş işi, cahillik yapma! Okula göndereyim seni. İlçede ev tutayım sana ve yanından ayrılmayayım.

"Kölen olayım yeter ki babandan uzak dur ve elini kana bulama, 'oku adam ol' derdi güzel anam. Babamın beni kanlı bir bıçak yaptığı çok doğru galiba! Beni burada bırakıp gitti ve bir daha da gelmedi. Niçin gelmiyor ki? Aklım almıyor. Vahap'ı vurmakla iyi etmedim herhalde! Ölmüş müdür acaba? Peki kavaklıktan benimle aynı anda ateş eden babam mıydı? Oradan silahla ateş eden babam olabilir mi? Ya kim peki o? Babam, bana güvenmedi de kavaklıkta pusuya mı yattı? Vahap denen adamı vurdu da kaçıp gitti mi beni bekleyeceğini söylediği yere? Olamaz mı? Onu ben vurmuşum diye bileyim mi istedi? O vakit bunların ayırımına varmadım ama şimdi çok düşünüyorum ya içinden çıkamıyorum. Babam niçin böyle bir şey yapsın ki! Sonra babamın yanında sadece tüfek vardı, tabanca yoktu ki. Önceden kavaklığa saklamış olamaz mı peki? Olabilir ama... Babam tabancayla koca bir duvarı bile vuramıyor ki. Buna şahidim ben. Neler düşünüyorum bir bilsen sevgili at. Kendime de çok kızıyorum. Babamla buluştuğumda bunları sorabilirdim değil mi? Aklıma mı gelmedi, korktuğumdan mı unuttum bunları, bilmiyorum. Babam bir gelse, hemen soracağım ona, kavaklıktan sen mi ateş ettin diye. Gerçeği söyleyecek olsaydı başından söylerdi, o beni hep kullandı."

Zeynel amcasının karısı seslendi: "Hüseyin," diyerek, "bir şey mi oldu oğlum?"

Hüseyin döndü, ona bakarak: "Bir şey olmadı," dedi, "yenge, ne olsun ki!"

Zeynel'in karısı: "Rengin de sararmış," dedi, "hasta mısın yoksa?"

Hüseyin usulca: "İyiyim yenge" dedi, "hasta filan değilim!"

Zeynel'in karısı, onun yanına oturdu. Saçını okşadı. Usulca kucağına çekti. Yanağını öptü. "Yok yok,"dedi, "sen bizden bir şey gizliyorsun ama bana ya da Zeynel amcana söylersen belki yardımcı oluruz sana değil mi?"

Hüseyin, neredeyse ağlayacaktı, kendini zor tutuyordu. "Yalnızca babamı düşünüyorum," dedi güçlükle, "niçin gelmediğini merak ediyorum, acaba bir şey mi oldu da..."

Zeynel' in karısı usulca: "Sabırlı ol," dedi, "ha deyince avukat tutulmaz. Adam bulunmaz. Bu işler düzeltilmez Hüseyin'im! Bugün, yarın gelir baban!"

Hüseyin sert biçimde: "Ama," dedi, "gelmemesi çok uzadı ya!"

Zeynel'in karısı yine alttan alarak: "Zeynel amcan diyor ki," dedi, 'Zülfü'nün iki eli kanda olsa yine gelir, herhalde işi bitmedi ki bu kadar gecikti.' Sen meraklanma, baban gelecek bir gün! Sıkılıyorsan çık köyde gez, oyna. İçeride kalmak sinirli yapıyor insanı. Sen hep evde oturuyorsun. Avluya bile çıkmıyorsun. Yazık değil mi sana. Evde oturdukça da olmadık şeyler düşünüyorsun."

Hüseyin, hıçkıra hıçkıra ağlamaya, içindekileri Zeynel'in karısına anlatmaya başladı. Vahap'ı vurduğu için çok pişman olduğunu, ölmemesi için dua ettiğini, babasına hiç mi hiç inanmadığını, birini vuran bir çocuğun diğer çocuklarla arkadaş olamayacağını, kimsenin yüzüne bakamayacağını, her şeyi ve herkesi çok özlediğini, evde bir odada kalmasının daha iyi olacağını, bunun kendisini hapishaneye alıştıracağını...

Zeynel'in karısı da çok etkilendi ve bulutlanan gözleriyle Hüseyin'in odasından çıktı. Salonda oturup çay içen Zeynel'e baktı. Gözleri dolu doluydu. Neredeyse ağlayacaktı. Zeynel aniden şaşırdı karısını öyle görünce. Hemen ayağa kalktı. Hüseyin'in odasına gitmek istedi.

Karısı: "Meraklanma bir şey yok," dedi, "pencere kuşu yerinde. Ama bu çocuk delirmezse iyi Zeynel, bunu bilir bunu söylerim."

Zeynel odaya girmekten vazgeçti. Niçin ağladığını sordu karısına. Karısı, Hüseyin'in anlattıklarını aktardı.

Zeynel: "Bu hiç iyi değil," dedi. "hayırlısıyla bir atlatsaydık bunu. Korkuyorum kadın, bizim de başımız yanacak diye."

Zeynel'in karısı bağırarak: "Hüseyin çok haklı," dedi, "Allah aşkına nasıl bir adam bu Zülfü? Arayıp sormuyor. En azından insan bir haber gönderir. Bu olacak şey mi yani? Çocuk yemiyor, içmiyor. Zayıflıyor. Arpacı kumrusu gibi düşünüyor, pencere önünden hiç ayrılmıyor. Uyuyana kadar gözlerini yoldan ayırmıyor. Bu böyle olmaz, bu çocuk hasta olur başımıza kalır Zeynel bunun bir çaresine bakmak gerekir."

Zeynel yerinde oturdu. Çayından bir yudum daha aldı. "Bence artık Zülfü gelmeyecek!" dedi, karısına bakmadan. Kadın onun yanına otururken: "Zeynel ne diyorsun?" diye sordu.

Zeynel: "Onun bunun sözü ama," dedi, "gerçek payı var herhalde. Duyduklarım hiç de hoş değil!"

Zeynel'in karısı; heyecanla ve korkuyla: "Söyle hele," dedi, "insanı meraklandırma hadi!"

Zeynel: "Jandarma Zülfü'yü götürmüş." dedi.

Kadın atıldı: "Niye?"

Zeynel, sesini daha da incelterek: "Söylenilenler doğruysa," dedi, "Hüseyin, pusu tepesinde pusudayken Zülfü de çocuk vuramaz diye düşünmüş aynı yerin biraz berisinde bir kavaklık varmış, o kavaklıkta pusu kurmuş ve adamı asıl o vurmuş!"

Zeynel'in karısı atıldı: "Aslı var mı bunun peki?" dedi.

Zeynel: "Bilemiyorum ama," dedi, "duyduklarımın dahası da var..."

Zeynel'in karısı merakla sordu: "Dahası da mı var?" diyerek.

Zeynel: "Yavaş ol," dedi karısına, "çocuk duymasın bizi. Hüseyin ile Zülfü'nün vurduğu Vahap değilmiş üstelik..."

Zeynel'in karısı: "Kimmiş peki?" dedi.

Zeynel: "Vahap diye," dedi, "köyün öğretmenini vurmuşlar!"

Zeynel'in karısı: "Vayanam vaaayyy!" dedi.

Zeynel: "Söylentiler bununla da kalsa iyi hanım" dedi ve ne kadar duyduğu varsa hepsini bir bir anlattı. Kadın onu dinlerken renkten renge girdi. Üzüldü. Kızdı. Şaşırdı. Ve kocasına: "Mademki," dedi, "yataklık büyük suç öyleyse biz ne yapacağız söyler misin? Şaştım kaldım şimdi işte. Sabiye mi yanayım bize mi yanayım Zeynel, bir akıl ver bana, bir akıl' "

6

Zülfü nezarethanedeydi. Bitkindi. Sol kaşı patlamıştı. Komutana bakamıyordu. Gözlerini açamıyordu. Ayakta duramıyordu. Konuşamıyordu. Öylece duruyordu. Komutan da durmadan bir şeyler soruyor, yanıt bekliyor ve arada sırada da Zülfü'yü tekmeliyor, yumrukluyordu.

Komutan: "Bak," dedi, "bana iyi bak, kulaklarını da iyi aç, söyleyeceklerimi iyi dinle ve bir kere de yanıt ver tamam mı? Niçin beni uğraştırıyorsun? Baba-oğul pusu kurun, öğretmeni vurun sonra da bir şey olmamış gibi yaşayın olur mu lan bu? Bu sizin işiniz anladın mı? Kavaklıktaki sendin itiraf et bunu kurtul dayaktan. Yoksa ölün çıkar buradan anladın mı Zülfü efendi? Öğretmeni çapraz ateşe tutan sizsiniz. Niçin hikâyeyi en baştan ve doğru biçimde anlatmıyorsun? Sen, kavaklıktan çıkıyorsun. Atına biniyorsun ve oğlunu bekleyeceğin yere gidiyorsun. Oğlun da önce köye gidiyor, köyün ortasında bağırıyor, 'Vahap itini vurdum duyun Alızlılar,' diye. Yalan mı? Köylünün gözünde suç oğlundan bilinsin diye numara çekersiniz bize öyle mi, yutar mıyım be! Köylüler belki yutarlar ama ben yutmam ha! Ulan senin ne işler karıştırdığını bilmediğimizi mi sanıyorsun, bok herif! Bizim her köyde kulağımız, gözümüz vardır, bilmiyor musun? Planların bana sökmez anladın mı? Vahap sadece bir kılıftı, öğretmeni niçin vurdunuz söyle? Ya gerçeği söylersin ya da ölünü çıkartırım buradan!"

Zülfü güçlükle: "Komutan," dedi, "gerçeği söylüyorum, oğlumu Vahap'ı vursun diye yetiştirdim. Pusu, tepesine getirdim. Ama kavaklığa girip ona pusu kurmadım. Allah'ın bildiğini sizden niçin saklayım, inanın! Oğlum yanlışlıkla Bora öğretmeni Vahap sanarak vurmuş olabilir, bizim onunla bir alıp veremediğimiz yok ki, Alızlılar bilir bunu. Bora öğretmene sorun o da aynısını söyleyecektir. Hiçbir gizli hesabımız yok onunla."

Komutan ısrarla: "Sen kimi kandırdığını sanıyorsun be." dedi, "Oğlun tepeden sen de kavaklıktan öğretmeni vurdunuz. Ona bu çaprazlama pusuyu kurduracak gerçek ne, bunu öğrenmek istiyorum... Bir köylü ile oğlu, öğretmene pusu kursun. Alıp vermediğiniz nedir, merak ediyorum!"

Zülfü ısrarla: "Deli Fadik'in," dedi, "verdiği ifadeyi biliyorsunuz değil mi komutanım? Alız Köprüsü'nde üç adam görmüş. Belki onlar kavaklıktan öğretmeni vurmuşlardır olamaz mı? Bora öğretmeni seven de sevmeyen de çok. Bora'yı benden iyi tanıyorsunuz, hele o sendikadan sonra daha çok düşman kazandı, şimdi onun yaralanmasını benim üzerime yıkmaya çalışıyorsunuz?"

Komutan, Zülfü'ye birkaç tekme attıktan sonra: "Ulan," dedi, "Deli Fadik'in söylediklerinden bana ne. Onun söylediği belki de bir yalan. Belki de Fadik'i para ile kiraladın, değil mi? Merak etme sen onun da sırası gelecek ve deli de olsa konuşturacağım, anladın mı?"

Zülfü ısrarla: "Yukarıda Allah var," dedi, "nasıl konuşuyorsunuz komutan!"

Komutan daha da öfkelendi ve Zülfü'yü yumrukladı. Zülfü acıdan yere kapandı.

"Ulan" dedi komutan, "bana konuşmayı mı yoksa işimi mi öğreteceksin sen, hadi oradan... Tepeden ve kavaklıktan yapılan keşif ikinizin de o mesafeden gelenin kim olduğunu rahatlıkla tanıyabileceğiniz, kanıtlandı, unuttun mu? Biraz rahatlamak ve kurtulmak istiyorsan oğlunun yerini söyle, söyle ki kavaklıktan ateş edenin sen olmadığını öğrenelim, yoksa..."

Zülfü: "Oğlumun yerini bilmiyorum," dedi, "kavaklıktaki ben değildim diyorum, niçin inanmıyorsunuz. Herkes gibi kavaklıktan ateş edeni ben de merak ediyorum, inanın!"

Komutan: "Eğer," dedi "sizin amacınız Vahap'ı vurmak olsaydı böyle yapmazdınız. Vahap'ı ilçede, köyde, tarlada, dağda, kahvede, evinde ne bileyim birçok yerde öldürebilirdiniz. Diyelim ki onu kimin vurduğunu kimsenin bilmemesini isteseydiniz, oğlun köy ortasında bağırmazdı değil mi? Sizin, amacınız Bora öğretmendi. En uygun zaman da Vahap'ın hapishaneden çıktığı gündü, öyle mi? Peki niye?"

Zülfü: "Bunların hiçbirini kabul etmiyorum," dedi, "evet, oğlumu zorladığımı kabul ediyorum. Kin güttüm. Vahap'ı vurdurmak istedim bu doğru. Törelerimiz yanlıştır belki ama töre gereğini yapmazsan, töreler insanı gezmez eder, utandırır. Toplumdan uzaklaştırır, yalnızlığa mahkûm eder. Herkesin bildiği ve kolay kolay silinmeyecek kirini alnına sürer. Yıkasanız da aklınıza getirmeseniz de o kir yerinde durur. O kirin tek temizleyicisi kandır! İşte bu kanı getirsin de alnımızın kirini yıkayalım diye oğlumu eğittim. Oğlum her gün bunun için büyüdü. Tüfek kullanmasını öğrendi. Yüz metreden yumurtayı vurur, dom dom kurşunu ile. Uçar da kaçmaz elinden onun. Yüreğim kan ağladı oğlumu böyle yetiştirirken ama siz anlayamazsınız çaresizdim ben!

"Hüseyin'i atına bindirdim. Pusu tepesine götürdüm. Gözlerinden öptüm ve hemen onu bekleyeceğim yere gittim. Kavaklıktan ateş etmek düşüncesi hiç mi hiç aklıma gelmedi. Keşke sizin aklınıza gelen benim aklıma gelseydi o zaman. Bir kere Bora öğretmen vurulmazdı belki, sonra siz de yalancı durumuna düşmezdiniz komutan. Oğlum çok sevdiği öğretmenini nasıl vurdu bilmiyorum ama oğlum kendini beklediğim yere gelmedi.

"Onu ne yapacaksınız ki. Önemli olan tüfek tutan el değil. Tüfeği ateş ettiren el, kafa... İşte o da karşınızda ne yapacaksanız bana yapın. Suçlu benim. Vahap, Bora öğretmen ya da oğlum suçlu değil ki. Ben ektiğimi biçtim hem çok kötü biçimde. Düşünmeyeceğim biçimde komutan. Bora öğretmenin vurulduğunu duyduğumda dünya başıma yıkıldı. Yaşadığımın bile farkında değilim. Yumrukların, tekmelerin canımı ancak bir sivrisinek ısırığı kadar acıtıyor, inan bana. Elbiselerimin içinde yanıyorum. Oğlumu, Bora'yı düşünüyorum. Öyle bir bataklığın içindeyim ki kurtulmaya çalışmadığım hâlde durmadan batıyorum. Bundan sonrası hiç mi hiç önemli değil. Sizi yalancı çıkarmayım ister misiniz? Getirin, yazın kavaklıktan ateş eden bendim. Gönlünüz rahat olsun. Gerekçe merekçe ister misiniz? Size yüzlerce, binlerce gerekçe sıralayayım. Peki bu mantıklı olur mu? Gerçek o kadar kolay elde edilir mi? Niçin biraz çabalamıyorsunuz bunun için. Sizin için de o kadar şeyi duyuyorum ama duyduklarıma göre sizi yargılamıyorum. Mesela Pancar Üreticileri Birliği üyeleriyle aranız iyiymiş. Bora öğretmeni bunlar sevmiyorlarmış. Hatta öldürtmek için adam bile kiralamışlar diye bir sürü şey duyuyorum. Duyduklarımdan yola çıkarsam senin olayı bu yönden uzaklaştırmak için beni zorladığını kullanmaya çalıştığını düşünemez miyim? Onların hesabına benimle uğraşıyorsun diyemez miyim? Bu neye yarar sonra söyler misiniz? Fadik'in sözünü ettiği üç adam araştırılıyor mu? Bora öğretmenin ve sendikacıların ifadesini alıyor musunuz bu olay için? Ya da Pancar Üreticiler Birliği yöneticileri sorgulandı mı? Niçin ben, söyler misiniz? Köylüyüz diye mi bunlar komutan? Gerçeği söylüyorum inanmıyorsunuz. Yeter artık. Ya bana inanın ya da istediğinizi yazın getirin imzalayayım!"

Komutan aniden onun üstüne atladı ve yumruklamaya başladı. Jandarmalar onu, Zülfü'nün üstünden güçlükle çekip götürdüler. Komutan bağıra bağıra küfrediyordu, o götürülürken.

7

Hüseyin uyumuyordu.

Salonda usulca konuşan Zeynel ile karısını dinliyordu. Bir yandan da ne yapacağını düşünüyordu. Birkaç akşamdır süren ve sonunda kavgaya dönüşen tartışmalara neden olduğu için çok üzgündü. Bu evde olması onun suçu değildi. Onu babası getirmişti. *Geleceğim* diyerek gitmişti ama hâlen gelmemişti.

Hüseyin kapıya sokulmuştu usulca.

Zeynel'in karısı bir oturuyor bir kalkıyordu. Bazen de kendini tutamıyor bağırıyordu. Zeynel'in Hüseyin'in yattığı odanın kapısını göstermesiyle biraz olsun sakinleşiyordu.

Zeynel'in karısı: "Hüseyin'in yüzünden başına bir iş gelirse," dedi usulca, "ne yaparız söyler misin? Hepimiz perişan oluruz. Buna bir çözüm bul!"

Zeynel, sigarasından bir nefes daha çektikten sonra: "Sabinin suçu yok bunda," dedi, "zaten yıkılmış yıkılacağı kadar. Düşünmekten bir hal olmuş zavallı. Eğer bir de bizim kendisini istemediğimizi sezerse dünyası daha da yıkılır. Birkaç gün daha bekleyelim olmazsa bir çaresine bakarım."

Zeynel'in karısı: "Bence bir an önce Alız'a git," dedi, "öğren hele Zülfü'nün durumu n'olmuş."

Zeynel iç geçirdi ve: "Zülfü," dedi, "giderken sıkı sıkı tembihlemişti beni. 'Ne olursa olsun, ben gelmeden sen Alız'a gelme! dedi. Şimdi gidersem Hüseyin'in burada olduğu hemen anlaşılır. Bu da bizim için iyi olmaz sonra."

Zeynel'in karısı: "Niçin iyi olmazmış Zeynel, anlamadım bunu?" diyerek sordu.

Zeynel onun gözlerine bakarak: "Zülfü'nün sevmeyeni çok Alız'da," dedi, "bakarsın biri hemen jandarmaya haber verir, çocuk da bizim evde yakalanırsa, asıl o vakit işimiz sarpa sarar anlıyor musun?"

Zeynel in karısı: "Onu bunu anlamam," dedi, "Hüseyin'i kendi çocuklarımdan ayrı tutuyorsam iki gözüm önüme aksın ama sonunda sana bir şey olursa, seni alıp götürürlerse biz ne yaparız bu hiç aklımdan çıkmıyor. Bak, ya sen düşün taşın bir çözüm bul ya da ben Hüseyin'e güzellikle anlatacağım isteğimi."

Zeynel: "Sen çıldırdın mı be?" dedi. "Çocuğu hepten mi öldürmek istiyorsun, hele sabırlı ol bakalım."

Zeynel'in karısı: "Bıçak kemiğe dayandı Zeynel," dedi, "gerisini sen düşün artık!"

Zeynel: "Tamam," dedi, "daha fazla konuşma da kalk yatalım vakit epey oldu zaten."

Zeynel ve karısı odalarına çekildiler. Hüseyin bir süre daha bekledi. Onların uyuduğundan emin olduktan sonar giyindi. Odasından usulca çıktı. Ahıra gitti. Atını dışarı çıkardı. Atı hazırladı. Avlu kapısını açtı. Atı avludan da çıkardıktan sonra ata bindi. Hızla sürdü.

8

Muhtar, Hamit, İmam Sefer, Ali Sefa, Birinci aza Karadayı ve birkaç Alızlı daha kahvehanede ayrı ayrı masalarda oturuyordu. Ali Sefa ile Hamit en dipteki masadaydı. Kimse konuşmuyordu.

Muhtarın önündeki çay bardağı yarımdı, gözlerini yummuştu, uyuyor gibiydi. Hamit de sandalyeyi duvara yaslamış başını da yastık yaptığı ellerine dayamıştı. Düşünceliydi.

Muhtar ve diğerleri Bora öğretmen vurulduktan sonra olayı değerlendiriyor ama bir neden bulamıyorlardı. Hatta giderek Bora öğretmene yaptıkları haksızlıkları apaçık görebiliyor, bundan üzünç duyuyorlardı. Uyuyormuş gibi olan muhtar Bora öğretmeni düşünüyordu. İçinden; onunla yaşadıklarını yeniden yaşıyordu:

"Seni severim Bora öğretmen. Delikanlısın. İçin dışın aynı. Ama Alızlılar seni de benim gibi sevmez, inan! Sen onların yüzüne güldüğüne bakma, içi başka dışı başka onların. Köylülerimi kınadığımı, karaladığımı düşünme sakın, sadece gerçeği söylüyorum o kadar. İşte bu yüzden her sakala bir tarak tutuyorum. Ne yaparsın çivimiz Alız'a çakılmış bir kere: Ata yurdu ne de olsa. 'Aman öğretmen çayımın şekeri az olsun.' Ha ne diyordum. Çivi demiştim değil mi? Paslanmış. Çıkaramıyoruz. Çıkarsak bile işe yaramaz artık. Yani başka bir yere çakamayız bu çiviyi. Nasıl diyeceğimi bilemiyorum, şimdi... Seni gerçekten oğlum gibi severim. Sendikacılarla ilişkisi yoktur diye çok ifade verdim senin için İlçe Milli Eğitim'e. 'Temiz, dürüst çocuk,' dedim senin için. 'İşini aksatmıyor, çocuklarımızı iyi eğitiyor, zamanında derse girip çıkıyor,' dedim. Komutan bile sordu, 'gerçekten bu öğretmen sendikanın adamı mı' diye, 'iftiradır' dedim, 'o böyle işlerle ilgilenmez,' dedim. Sendikayla ilgin var mı bilemem, orasını Allah bilir ama ben, bana seni kim sorduysa böyle söyledim ya! Sakın lafımın çoğunu yalandan sanma. Komşumuz olan öksüzlerin ablaları sana sevdalı be oğlum!"

"Sıdıka mı?"

"Evet, Bora öğretmen o sana sevdalı, asıl bunu söylemeye gelmiştim ama bir türlü söylemedim!"

"Ne diyorsun muhtar?"

"Diyene değil öğretmen, dedirtene bak! Otur hele sözümü kesme ikide bir..."

"Şimdi, Sıdıka benim kambur kıza söylemiş, annene söyle Bora öğretmenle aramı yapsın demiş."

"Cevahir yenge de mi biliyor bunu?"

"Zaten bunu bana yengen söyledi. Parlama hemen, beni dinle! Kızacağını, karşı çıkacağını biliyorum ama yine de söylemek zorundayım. Alız'dan gidene kadar bu kızın... Canım dur hele, delirme öyle! Sözümü bitirmeme izin ver! Kız sana yangın. Onunla evlen birlikte yaşa demeyeceğim ki! Benim çocukların Sıdıka'nın bileceği ama Alız'dan hiç kimsenin bilmeyeceği bir söz töreni yaparız. Birer yüzük bile almayacağız."

"Sen ne söylediğini bilmiyorsun ve duymuyorsun bana kalırsa muhtar!"

"Ben ne söylediğimi biliyorum ve duyuyorum! Sıdıka ile bizim evde buluş; ona, onu sevdiğini, annene haber gönderdiğini, geldiği zaman da kendisini ninesinden isteteceğini söyle; arada sırada da yüzüne gül o kadar. Sonra bildiğinden şaşma..."

"Aklım almıyor muhtar, bunu niçin yapmamı istiyorsun?"

"Bunu oğlum için istiyorum senden Bora öğretmen! Bunları söylerken utanıyorum ama ne yapayım ki aşk ferman dinlemiyor. Benim Adem, Sıdıka'nın küçüğü Selime'yi yanık. İkisi de birbirini seviyor. Cevahir bir akşam konuyu açmaya gitmiş. Nine bir şey dememiş. Sıdıka Cevahir'i bir köşeye çekmiş, 'kambur kızına söylediğim iş gerçekleşirse Selime' yi Adem'e veririz' demiş. Çok düşündük sonunda sana söylemeye mecbur kaldık. Sen iyilikseversin halden anlarsın. Beni bir kenara koy ama Adem ile Selime'yi düşün."

"Ya sonra Sıdıka n'olacak?"

"O genç unutur seni. Bu arada Selime'yi Adem'e nikâhladıktan hemen sonra gerçeği öğrense de önemli değil. Bizim için yap bu iyiliği be! Tayinini ilçeye yaptırırım inan bana!"

"Buna dünyada razı olmam muhtar!"

"Köprüyü geçinceye kadar ayıya dayı demek gibi bir şey istediğim ne var bunda?"

"Sen ne biçim insansın muhtar! Sabrımı taşırıyorsun! Senin iki gencin sevdasına aldırdığın yok! Alızlılar için bir karış toprağın ne kadar kıymetli olduğunu en az senin kadar biliyorum. Bu öksüzlerin arazilerinde her Alızlı gibi gözün olduğunu da... Sıdıka'nın aklına beni belki de siz soktunuz! Bu çirkin oyununuza katılacağımı nasıl düşündünüz aklım almıyor! Zaten kendini ele verdin. Ben, 'her sakala ayrı bir tarak tutarım,' dedin, hatırladın mı? Şu ana kadar söylediklerinin benimle ilgili olanları beni kandırmak içindi. Değil mi? Bunları konuşmamış olmayı çok isterdim. Kalk ve git!"

"Aslında Sıdıka onu gerçekten seviyordu. Ona sevdalanmıştı. Hiçbirimiz onu sevsin diye zorlamamış, onun aklına da Bora öğretmeni sokmamıştık. Adem ile Selime'nin sevdası da doğruydu. Ama diğerini ben kurmuştum. Olur mu olmaz mı diye de hiç mi hiç düşünmemiştim. Benim ki delilik canım. Damdan düşer gibi söylenir miydi öyle bir şey! Aklıma gelen oyuna katılır diye düşünmek cahillik işte. Okumuş olduğu, bilgili olduğu aklıma gelmedi o zaman. Aslında bir belayı ucuz atlattık. Bora öğretmen kötü niyetli de olabilirdi. Sıdıka'yı kandırabilir, hatta onunla da... Neden olmasın ki olabilirdi bunlar... Onun akıllılığı sayesinde kurtuldum akılsızlığımdan canım!"

Kahveci: "Hey muhtar," dedi, "kendin buradasın ama ruhun nerelerde dolaşıyor Allah aşkına, çayı da bitirmemişsin. Neyin var senin?"

Muhtar toparlandıktan sonra:

"Bir şeyim yok da," dedi, "zavallı öğretmeni düşünüyordum. Tehlikeyi atlatsa da kurtulsa bari..."

Kahveci: "Haklısın," dedi, "elin adamının yanlışlıkla mı bilinçli mi vurulduğu bile belli değil. Her şey bir bilmece sanki... Anlamak, işin içinden çıkmak kolay değil. Artık düşünmek de bir işe yaramıyor be muhtar. Çünkü olan olmuş, bundan sonra biz ne yapabiliriz bunu düşünmek gerekir değil mi?"

Muhtar: "Doğru söylüyorsun" dedi, "ama ne yapabiliriz ki onun için, baksana herkes bir masada kara kara düşünüyor, uyuyor gibi göründüklerine bakma, çoğu gözleri kapalı olarak öğretmeni düşünüyor. Ona farkında olmadan belki hepimizin kötülüğü dokundu. Ne desek ne yapsak bilmem ki."

Kahveci: "Vallahi," dedi, "Bora öğretmeni düşünüp Bora öğretmeni konuşuyoruz. Bir an önce aramıza dönse kendimizi affettiririz canım!"

Muhtar: "Alız'a döner mi bilmem," dedi, "ama Hamit'in ne düşündüğünü az çok tahim edebiliyorum. Hele sıcak bir çay getir bakalım."

9

Hamit de muhtar gibi, Bora öğretmene haksızlık yaptığını düşünüyordu. Bu yüzden hem konuşulanları dinliyor hem de geçmişi yeniden yaşıyordu.

"Karadayı, İmam Sefer, muhtar ve ben, o; maaş almaya gidince sabah erkenden lojmanın kilidini kırıp içeri girdik. O güne kadar lojmana girmemiştim. Dördümüz de salona zor sığmıştık. Çamura ve hayvan dışkısına bulaşmış ayakkabılarımızla odaya geçtik. Kapının karşısında küçük bir sehpa, üzerinde de jeneratörle çalışan bir televizyon vardı. Adam, meğer evi bununla aydınlatıyor, radyoyu dinleyip televizyonunu seyrediyormuş... Karşımızdaki duvarlarda da diğerlerinde de tablolar asılıydı. Karşılıklı duran çekyatların arasında kırmızı desenli bir halı seriliydi. Bir metre kare kadar olan pencerenin perdesini, bizi kimse görmesin diye çektik. Bu odaya girdiğimiz kapıya yakın bir kapı daha vardı. Bu kapı ikinci odaya açılıyordu. İkinci odanın solunda duvara yakın küçük bir kuzine sobası kurulmuştu. Soba ile televizyon arasında küçük bir masa, masanın da üzerinde kahvaltı tepsisi duruyordu. İmam Sefer, birbirinden güzel tabloları parçalamak için atıldı ama ona engel oldum. Çünkü bizim amacımız Bora öğretmenin sendikacılarla ilişkisini belgeleyecek bir şey bulmaktı. İmam Sefer küfretti, kızdı ama yine de tabloları parçalayamadı. Muhtar da engel olmuştu. Daha fazla beklemeden ayaklarımızı halıya süre süre ikinci odaya girdik. İkinci odanın kapısının karşısında bir pencere vardı. İmam Sefer hemen perdesini çekip odayı aydınlatmak istedi. Ona Karadayı engel oldu. Çünkü yoldan geçen olabilir ve bizi de görebilirdi. Kapının girişinde sol duvardaki askıyı gördük. Askı uzuncaydı. Elbiseler asılıydı. Daha biz ne olduğunu anlamadan İmam Sefer, birkaç elbiseyi askıdan alıp yere attı ve tepelemeye başladı. Muhtar, onu azarladı ve bir daha böyle bir şey yapmamasını tembihledi. Karadayı elbiseleri yerden kaldırıp yerine astı. Odanın ortasında genişçe bir masa, masanın üzerin de dergiler, gazeteler, kitaplar ve bir de daktilo vardı. İki duvar L biçimdeki kitaplıkla kaplanmıştı. Raf raf kitaplar karşısında şaşkınlığımızı gizleyemedik. Birbirimize baktık uzun süre. O güne kadar bu kadar kitabı bir arada görmemiştik çünkü. Bir duvarda da gazetelerden kesilmiş yaşlı, genç kadın, erkek resimleri vardı. Gazetelerden çeşitli yazılar kesilmiş ve bu duvara, resimlerin aralarına yapıştırılmıştı. Sakallı adamları tanıyamadık, ama Yılmaz Güney'i hemen tanıdık. Sevmesek de bir iki filmini izlemiştik. Hep köylünün taklidini çıkarıyor. Bu yüzden hem seviyoruz hem sevmiyoruz onu.

Karadayı: "Amma da çok kitap var burada ha!"

İmam Sefer: "Her konudan konuşması bu yüzdenmiş demek ki."

Muhtar: "Bu kitaplar bir servet be!"

Karadayı: "Şimdi ne yapacağız be! Aradığımız şeyi bulamayız ki bunların arasında!"

İmam Sefer: "Kitapları yakalım!"

Ben o arada, sendika ile ilgili bir şey bulmak için durmadan orayı burayı karıştırıyordum. Masadaki kâğıtlarda çekmecelerde bir belge bulamadım. Kitaplığa yöneldim. Kitapları birer ikişer elime alıp baktım ve odanın ortasına attım. Onlar hâlâ konuşuyorlardı. Bana yardım etmelerini işaret ettim.

Muhtar: "Ulan bu kitaplarla lojman da Alız da yanar akılsız!"

İmam Sefer: "Karakola bildirelim, mutlaka yasak kitap vardır bunların içinde!"

"Ulan ne kadar safsın biliyor musun, o senden de benden de iyi bilir hangisinin yasak hangisinin yasak olmadığını, sen başına bela mı almak istiyorsun!"

İmam Sefer: "Olsun, yine de şikâyet edeceğim, siz karışmayın bana tamam mı?"

Karadayı: "Odanın içi kitaplarla doldu ama yine de raflar boşalmadı. Sendika ile ilgili belge bulabiliyor musunuz, ben bulamadım da."

Onlara artık konuşmamalarını, Bora öğretmeni sendikacılarla gösteren bir resim, bir yazı ya da sendikacılarla ilgili kitap, dergi gibi ne bulurlarsa bir kenara ayırmalarını söyledim. Sustular. Bu arada ben kitaplıktan habire kitap çıkarıp bakıyordum. Bir yandan da küfrediyordum.

"*Türkiye'nin Düzeni* 'ymiş (!) N' olmuş lan düzenimize! *Yılanların Öcüymüş* (!) Yılanlar nasıl öç alır be! *Suç ve Ceza, Diriliş, Fabrika, Ecinniler, Çocukluğum, Toprak Ana, Ana, Kamlumbağalar, Köygöçüren, Derviş ve Ölüm, 72. Koğuş, Vukuat Var, Babaevi, Gözbağı, Bizim Köy, Tırpan, İnce Memet, Demirciler Çarşısı Cinayeti, Kara Toprak, Hürriyet Yolu, Demir Ökçe, Germinal, Gerçek, Sefiller, Seni Halk Adına Ölüme Mahkûm Ediyorum, Komiser Memo, Kadınlar Savaşı, Halk Savaşı, Karamazof Kardeşler, Savaş ve Barış, Kurtuluş Yolu, Murtaza, Don Kişot...* Oku oku bitmiyor. Sonunda pes ettik. Pancar üreticileri birliği başkanının söylediği gibi bir şey bulamadık. Lojmandan çıkmak üzereydik ki İmam Sefer pantolonunu indirmeye başladı. Dışarı çıkmamızı istedi çünkü kitapların içine edeceğim dedi. Kararlıydı. Dışarı çıktık. Nice sonra İmam Sefer de lojmandan çıktı.

"Yaptığımız bu kötülükten sonra bir gün olsun lojmana girmişler, odaları ve kitaplarımı dağıtmışlar, kitaplarımın içine etmişler demedi. Günlerce bekledik ama hiç şikâyetçi olmadı. Bir şey olmamış gibi davrandı. Bizim bildiğimiz bu olayı kimseye söylemedi. Düşünüyorum da şimdi, o bizim yaptığımızı biliyor mu acaba?"

Muhtar: "Ne düşünüyorsun Hamit," dedi omzuna dokunarak, "kalk artık."

Hamit: "Ne düşüneyim ki," dedi, "Bora öğretmenden başka be Muhtar. Yaptıklarımız yakamı bırakmıyor bir türlü."

Muhtar: "Haklısın," dedi, "ama kim derdi ki Hüseyin, öğretmeni vuracak!"

Karadayı: "Diyorum ki," dedi, "Zülfü'nün niyeti Vahap'ı vurdurmak olsaydı böyle mi yapardı acaba? Yoksa işin içinde bilmediğimiz bir şey mi var? Herkes bir laf ediyor ama. Hadi Hüseyin pusu tepesinden bilemedi diyelim, peki kavaklıktaki Zülfü ise eğer, o da mı bilemedi dersiniz? Ya Deli Fadik'in söylediği üç avcı kılıklı adam da kim acaba, onlardan da bir haber çıkmadı!"

Kahveci çay dağıtırken; "Devletin savcısı, jandarması," dedi, "bu bilmeceyi çözemiyor siz mi çözeceksiniz be, başka bir lafa bakın ağalar."

Yaşlı bir adam: "Körle yatan şaşı kalkar," dedi, "bunak ihtiyar, kendisini vurdurtana bak e mi?"

Muhtar: "İmam Sefer,"dedi,"doğru konuş. Öğretmenle Zülfü'nün ne alıp veremediği vardı söyler misin?"

İmam Sefer: "Onu yalnızca Allah bilir!" dedi.

Muhtar: "Öyleyse,"dedi, "Allah'ın bildiğini Allah'a bırak ve onun sözcüsü olma artık tamam mı?"

İmam Sefer: "Ne hâliniz varsa görün," dedi, "işte ben gidiyorum. Bora'ya avukatlık yapın bakalım ne olacaksa!"

Karadayı: "Hüseyin," dedi, "Zeynel'in evinden kaçmış. Zeynel de gözaltına alınmış!"

Hamit: "Zor iş nerden bakarsanız bakın," dedi, "ateş düştüğü yeri yakıyor. Annesi Hüseyin diyor, başka bir şey demiyor. Hüseyin teslim olmazsa ikisini de bırakmayacaklarmış."

Bir köşede bir masada tek başına oturan Ali Sefa: "Hep birlikte düşünmek zorundayız şimdi," dedi, "eğri oturup doğru konuşmalıyız. İnce eleyip sık dokumalıyız. İğneyi de çuvaldızını da batırmalıyız kendimize. Biz her şeyimizle bu sonuca neden olduk, anlıyor musunuz? Bilerek bilmeyerek, isteyerek istemeyerek Zülfü'nün dalına bindik. Yani suçu ahâli hazırlar fert de işler diyorum. Zülfü'yü biz bu yola ittik. Zülfü de oğlunun başını yedi. Yalan mı? Açıkça, Zülfü yüzünün karasını Vahap'ın kanıyla yıka da öyle gel aramıza demedik tabii. Kabuklaştıkça yarayı deştik. Deştikçe de derinleşirdik. Kemiğe dayandırdık. Maalesef! Acımadık tuz bastık o yaraya! Hangi birini söyleyeyim suçlarımızın, komşular? Alız içindeki bizler yüzünden böyle oldu. Bir yeri içindekiler isimlendirir, yalan mı yani? Vicdanım rahatsız benim!"

Hamit usulca: "İçimizi yaktın be Ali Sefa!" dedi.

Ali Sefa: "Yalan mı söylediğim Hamit?" diyerek sordu.

Hamit, iki kolunu yana açarak: "Hâşâ," dedi, "ne bir eksik ne bir fazla söyledin."

Ali Sefa: "Vahap," dedi, "barış istiyor komşular duydunuz mu bilmiyorum. *Topluma Farklı Bakış*'çılar, sendikacılar bu iki aile barışsın diye Alız'ı yol eylediler günlerdir. Hiç oralı olmuyoruz. Bu çabada tuzumuz olsun istemiyoruz. Barış için parmağımızı oynatmıyoruz. Ama hep konuşuyoruz. Barış için çalışanlara niçin katılmıyorsunuz soruyorum size? Alız'ın adı hep dokuzda mı kalsın, sekize ya da bire inmesin mi artık? Bugüne kadar kaçımız Zülfü'nün kapısın çaldık, geçmiş olsun dedik. Ya da Vahapların ne düşündüğünü sorup öğrendik? Bu işi tatlıya bağlayalım dedik ha? Suçu biraz da kendimizde aramalıyız. Seyircilikte taraf olmak doğru değil! Alızlılar ne vakit bir evin insanları gibi olacak söyler misiniz? Alız ne vakit bir hane olacak, biriniz söyleyin Allah aşkına! Eğer hepimiz, kardeşliğin, birlikteliğin gerçekten de yararlı olduğuna yürekten inanırsak birbirimizle barışık oluruz ve yaşadığımız olaylar böyle olmaz, değil mi? Bora öğretmenin sevdası ve isteği neydi peki? Alız bir hane, Alızlılar da bir hanenin insanları olsun, refah içinde yaşasın, mutlu olsun. Bugünden sonra yapmamız gereken kendimizle, komşumuzla, arkadaşlarımızla barışık olmak ve birbirimizi barıştırmak, güler yüzlü olmak. Bora öğretmenin sevdası böyle bir ortam da yeşerir ancak. Onun vurulmuş olması bir işe yarasın bari. Bozkır da patlayan tüfek Alızlıları birleştirsin, kini ve öfkeyi geri çevirsin.

"Birbirimizin arasını güzelliklerle dolduracağımız yerde, dikenlerle, taşlarla, çalılarla dolduruyoruz. Birbirimize kuyular kazıyoruz, tuzaklar kuruyoruz. Birbirimizden kopuyoruz. Aynı köyde yalnız yaşıyoruz. Yalnızlık bizi yakıyor farkında değiliz bunun. Yalnızlıktan kurtulmadıkça neler yaptığımızı, nasıl yaşadığımızı bilemeyiz. Gelin yalnızlığımızdan kurtulalım artık, Birlikte olmayı, birlikte yaşamayı öğrenelim. Mademki Vahap barış istiyor. Öyleyse bu iki aile arasında köprü olalım. Sözden, etten ve kemikten köprümüz öyle sağlam olsun ki yıkılmasın. Ne diyorsunuz komşular?"

Kahvehanedekiler ayaklandılar.

Ali Sefa'ya baktılar.

Hepsinin de gözleri ışıl ısıldı.

Birlikte: "Ali Sefa,"dediler, "sana boşuna Âlim Sefa demiyorlar ne diyebiliriz ki Allah demekten başka!"

10

Hüseyin, yüksekçe bir taşın üstünde oturuyordu, atının yularını tutuyordu. Dalgındı. Gözlerini, çam ağaçlarıyla çevrili dik ve derin uçurumdan ayırmıyordu. Yorgundu, atı da öyleydi. Karnını doyurmaya çalışan ata çevirdi gözlerini ve usulca: "Babam yalancı çıktı güzel atım," dedi, "ona inanmakla ne büyük aptallık etmişim, biliyor musun? Vahap olmasaydı, keşke bu yaşadıklarım bir rüya olsaydı! Ama bunlar rüya değil biliyorum. Babam ne yanıma geldi ne de bir haber gönderdi. Gitti de bir daha gelmedi. Beni arayıp sormadı. Babam, beni merak etmiyor artık! Sen söyle be güzel atım, ben şimdi ne yapmalıyım? Kendimi şu uçurumdan mı atsam? Yoksa gidip Alız Nehri'ne mi? Biliyor musun en çok annemi düşünüyorum. Hani benim için canını dişine takan, bana engel olmak isteyen, babama benim için karşı çıkan dünya tatlısı annemi. Seslerini duydun mu bilmiyorum ama benim yüzümden Zeynel amca ile karısının kavga etmesini istemiyordum, belki de bu yüzden kaçtım. Kaçmakla iyi mi kötü mü ettim, bunu da bilmiyorum. Başka ne yapabilirdim ki söylesene? Alız'a gitsek birlikte, annemi görsem, elini, ayağını öpsem, yalvarsam, af dilesem ondan, beni bağışlar mı dersin? Beni bağrına basar mı? Hüseyin'im yavrum der mi? Gözlerime bakar mı? Kucağına alır mı beni? Ama Alız' a gidemeyeceğimi biliyorsun! Herkesin yüzüne, sonra güzel annemin yüzüne nasıl bakarım böyle, söyler misin?

"Güzel atım ne olurdu konuşsaydın, bana akıl verseydin. Neler gelip geçiyor aklımdan bir bilsen. Babam beni pusu tepesine bıraktıktan sonra, aşağıdaki kavaklığa pusu mu kurdu yoksa, gelseydi ilk önce bunu soracaktım, ama gelmedi. Babam, onu vuramayacağımı düşünüp böyle bir şey yapmış olabilir mi?"

Hüseyin yakınından geçip az ileride çamın dalına konan renkli kuşu görünce öyle sevindi ki hemen ayağa kalktı. İçi içine sığmadı. Yerinde duramadı. Kuşu yakalamak geçti aklından, ama bundan vazgeçti. Gözlerini renkli kuştan alamadı. Kuş da ona bakıyordu.

Hüseyin tekrar taşa oturdu.

Atına baktı bir ara, atı da başını çevirip daldaki kuşa bakıyordu. Hüseyin kuşa: "Uç güzel kuş, uç" dedi, "annemi bul! Ona söyle. Hüseyin'i gördüm de! Seni çok seviyormuş, seni unutamıyormuş, seni merak ediyormuş ve düşünüyormuş de! Seni özlüyormuş sonra, dizine başını koyup uyumak istiyormuş de! Ama sana gelemiyormuş, çünkü ayaklarında görünmez bukağı varmış de. Acı çekiyor, eski günleri yaşamak istiyor de.

Babama kızdığımı, Zeynellerden kaçtığımı, atımla serseri serseri dolaştığımı da de.

Kimi zaman üşüdüğümü, aç kaldığımı, korktuğumu, ne yapacağımı bilmediğimi söylemeyi unutma.

Babamın sözünde durmadığını, yanıma gelmediğini, Ay ışığına rağmen korktuğumu, geceleri atıma sokulduğumu, karanlık basınca Zeynel amcanın köyüne yakın bir kavalıkta gecelediğimi, sabah olunca da kimseye görünmeden dağlara çıktığımı, rahat uyuyamadığımı, dağların doruklarında atımla beraber düşüne düşüne vakit geçirdiğimi de söyleme. Bunları hiç unutma."

Renkli kuş öterek uzaklaşınca Hüseyin de konuşmasını kesti. Gün kararıyordu. Atına bindi.

Geceyi geçirmek için Dereköy'e doğru sürdü atını.

11

"Hüseyin, akıllısın, çalışkansın ama beni dinlemiyorsun. Seni bir başka seviyorum, inan! Şimdi söyle bakalım, okula bu bıçağı niçin getiriyorsun? Arkadaşlarını korkuttuğunu görmüyor musun? Sana kaç kere söyledim, okula bıçakla gelme, bunu elinde, çantanda görmeyim diye. Beni niçin dinlemiyorsun? Baban ne söylediğini bilmiyor, annene inan sen!"

"Beni okuldan kovsanız da, beni dövseniz de bıçağı her zaman yanımda taşıyacağım öğretmenim!"

"Söyler misin bıçakla ne yapıyorsun her gün?"

"Arkadaşlarımı korkutmuyorum bununla, Duranalilere zarar veriyorum!"

"Nasıl yani?"

"Fırsat buldukça ya danalarını, ineklerini ya da koyunlarından birini bıçaklıyorum! Geçenlerde ölen danalarını ben bıçakladım ama kimse benim yaptığımı bilemedi!"

"Böyle bir şeyi nasıl yaparsın Hüseyin, aklım almıyor!"

"Vahap da dedemi öldürmeseydi!"

"Ver o bıçağı bana!"

Hüseyin korkuyla uyandı.

İri iri açılan gözleriyle etrafa baktı bir süre. Gördüğü rüyanın etkisindeydi hâlâ. Rüya da tüm bu olanlardan önce öğretmeniyle arasında geçen bir konuşmaydı. Güneş'in çoktan doğduğunu gördü nice sonra. Hemen kalktı. Atını ağaçtan çözdü. Ona bindi. Ağaçların arasından dağlara doğru uzaklaştı.

Karnı açtı. Köyden uzaklaştıktan sonra atı kendi hâline bırakmıştı. At da ne bulduysa yemeye başladı.

Hüseyin ata: "Senin için beslenmek kolay," dedi, "her yer otla dolu. Benim karnımı doyurmam öyle zor ki. Günlerdir yeşil nohut, mercimek ve meyve yemekten bir hâl oldum. Bunları yemekten bıktım biliyor musun? Üstelik de açlık çekiyorum bunları yedikçe. Karnın doyduysa bir çoban arayalım güzel atım. Belki bana acır da yiyeceğinden biraz verir, olmaz mı? İşine gelmiyor değil mi bu? Ben, seni düşünüyorum da sen, beni düşünmüyorsun? Hadi bu sefer bir köye gidelim olur mu? Adam vurduğum alnımda mı yazılı! Bak şu ilerideki yol bizi bir köye götürür kesin, hazır mısın?"

Otuz kadar haneden oluşan köy, çıplak ve oldukça yüksek bir dağın eteğindeydi. Evlerin kapı çevresi beyaz boyalıydı. Köyün ve yolun etrafında ağaçlarla dolu küçük küçük bahçeler vardı. Köyün hemen altında ve yolun sağında da taş oluklu bir çeşmede birkaç çocuk ve kadın, kendilerine yaklaşan Hüseyin'e bakıyordu. Çocuklar, koşarak atın çevresinde halka oluşturdu. Hüseyin, onların uzaklaşmalarını, atının huysuz olduğunu söyledi. Birkaç çocuk attan uzak durdu ama ikisi atın kuyruğunu tutmaya çalıştı. Yaşlı bir adam yerinden kalktı ve çocukları uzaklaştırdı.

Hüseyin, atını en berideki evin önünde durdu.

Evin önünde kısa bir zincirle dut ağacına bağlanmış kesik kulaklı bir çoban köpeği vardı. Durmadan havlıyor, hopluyor, zincirden kurtulmak istiyordu. Evden inceden bir kadın çıktı. Köpeği azarladı köpek dutun altına uzandı ve sesini kesti. Hüseyin, kadının ardından çıkan biri donsuz, biri üstsüz iki erkek çocuğa baktı bir süre. Afacan çocuklar, ata sokulurken anneleri: "Attan uzak durun çocuklar," dedi ve Hüseyin'e de, "sen kimsin oğlum, çıkaramadım da?"

Hüseyin: "Dereköylü Zeynel'in oğluyum!" diye karşılık verdi.

Kadın: "Babanı çıkaramadım," dedi, "ama Dereköy'ü bilirim. Burada ne arıyorsun peki?"

Hüseyin: "Bir ineğimiz kayboldu onu arıyorum, çeşmedekilere sordum gören, duyan yok... Bir de size sorayım dedim."

Kadın: "Vallahi," dedi, "ben de duymadım. Burası küçük bir köy, yabancı bir inek gelse herkesin haberi olur hemen."

Hüseyin: "Azık çantam babamda kaldı," dedi, "açım, biraz..."

Kadın: "Aç olduğunu baştan söyleseydin ya," dedi, "in atından sana aş ısıtayım."

Hüseyin: "Acelem var yenge," dedi, "ekmek, peynir versen yeter, atımın üzerinde gide gide yerim, akşam olmadan köye dönmem gerek, çok uzak köyümüz, evdekiler beni merak eder sonra."

Kadın, Hüseyin'e hak verdi. Eve girdi. Çocuklar, Hüseyin'e durmadan soru soruyordu. Hüseyin de onlara yanıt veriyordu, bir yandan da çocuklara gülüyordu. Kadın, koca bir çıkınla geldi. Çıkını Hüseyin'e verirken: "Al bunu," dedi, "içinde biraz yufka, biraz peynir, yeşil soğan, taze yağ var! Babana da sana da yeter! Hadi yolun açık olsun!"

Hüseyin, kadına teşekkür ettikten sonra atını çevirdi ve dörtnala sürdü. Çocukların ve çeşmedekilerin şaşkın bakışları arasında uzaklaştı.

12

Gecenin, yıldızlı ve Ay'lı parıltısı ile serinliği Hüseyin'in bedenini sarmıştı. Gözleri, uzaklardaki sonsuz sayıda yıldızlardaydı. Kulakları ise yakınına gelerek cesaret aldığı ve gecelerini güven içinde geçirdiği Dereköy'ün köpeklerinin sesindeydi. Köye yüz metre kadar yakınlıktaki olan kavaklığın içindeydi. Burada kendisine samandan ve ottan bir döşek yapmıştı. Bu döşeğin üstünde uyuyordu. Atını da kendisine en yakın ağaca bağlıyordu her gece. Ellerini ensesinde birleştirmiş ve yastık yapmıştı.

"Hani atım sen olmasan," dedi, "burada uyuyamam! Senden de cesaret alıyorum! Sen olmasaydın geceleri ne yapardım bilemiyorum! Aslında bunu düşünmek bile istemiyorum, inanır mısın? Sen, babam gibi değilsin. Beni kandırmıyorsun. Beni bırakmıyorsun. İkimiz gün boyu dağlardayız, geceleri de buradayız, bu ne kadar güzel biliyor musun vefalı atım. Bu daha ne kadar sürecek bilmiyorum ama yanımda olduğun için seviniyorum ve bütün zorluklara katlanıyorum. Uzamış tırnaklarımla her tarafını kaşıdım, seni yıkadım hoşuna gitti değil mi? Benim de yıkanmam gerek, anlıyor musun? Sıcak su olmadan, sabunsuz yıkanmak güzel değil ama başka çarem de yok ki. Soğuk su ile yıkanmak güzel olmuyor, yine de yıkanmalıyım. Uslu uslu beni bekle, kişneme olur mu güzel atım."

Uzandığı yerden ayağa kalktı. Dereköy'ün yanından geçtikten sonra kavaklığın da hemen yakınında akan Alız Nehri'ne ulaşan küçük dereye gitti. Uygun bir yer bulduktan sonra soyundu.

Üşüyordu. Çırılçıplak dereye girdi. Donunu, atletini iyice sıktı, yıkadı. Tekrar sıktı. Kıyıda bir yere serdi bunları. Dişleri birbirine çarpıyordu. Titriyordu. Su oldukça soğuktu çünkü. Ellerinin ulaştığı yere kadar sırtını ve belini kaşıdı. Tırnaklarıyla yumuşayan kiri kaldırdı. Kir çıktıkça rahatladı. Bir süre sonra suya alıştı. İçine oturdu suyun. Sudan çıkacağı sırada elbiselerinin yanında ışıkların içinde duran ve kendisine sevgiyle gülümseyen annesini gördü. Ne yapacağını bilemedi. Kendini annesinden alamadı. Annesi suya girdi. Elinde bir kese vardı.

"Böyle yıkanılmaz Hüseyin'im! Kesesiz, sabunsuz yıkanılır mı hiç! Hem sen ne zaman büyüdün de kendi başına yıkanmaya başladın güzel yavrum! Seni hep ben yıkardım, unuttun mu? Dur hele dur da kirini bir güzel çıkarayım. Sırtını, belini, her bir yerini iyice keseliyim, yoksa bu kaşıntıdan kurtulamazsın bitlenirsin vallahi! Hüseyin'im nerede görülmüş tırnakla kir çıkarıldığı, üstelik de soğuk su ile... Böyle şey olur mu yavrum, derini yırtarsın, yara bere içinde kalırsın sonra! Bunları bilmez değilsin ki."

"Anne canım yanıyor!"

"Senin canın yanmıyor oğlum, kirin canı yanıyor!"

"Anne kirin canı olur mu hiç, ya kese ile derimi yüzüyorsan güzel anam!"

"Sana öyle geliyor güzel oğlum, sabırlı ol, birazdan keseyi bırakacağım ve seni sabunlayacağım güzelce! Kaşıntının ilacı olmadan kaşıntın geçmez ama, burada ancak bu kadar olur değil mi?"

"Anne yeter!"

"Sabırlı ol dedim!"

"Anne su çok sıcak ya!"

"Soğuk sudan iyidir korkma e mi?"

"Soğuk su kat biraz n'olur!"

"Bu su iyi konuşma!"

"Gözlerim yanıyor, su dök!"

"Bir şey olmaz!"

"Anne gözlerim... ah!"

"Her zaman böyle nazlanırsın zaten!"

"Anne ne yapıyorsun, elbiseleri ver, n'oluyor."

"Bunları kaynatacağım, temiz elbise getireceğim bekle!"

"Anne!"

Işık kayboldu. Hüseyin şaşırdı. Sudan çıktı. Elbiselerini giyindi. Atletini, donunu aldı serdiği yerden. Atının yanına döndü. Bir tuhaftı sanki. Yatağına uzandı. Kendisine gülümseyen Ay'ı gördü. Ay büyüktü ve gülüyordu ona.

Hüseyin: "Güzel Ay," dedi, "ne kadar mutlusun! Hiç mutsuz

oldun mu acaba, benim gibi! Sahi beni tanıdın mı? Alızlı Hüseyin'im ben!

Çocukları başıma toplardım böyle günlerde, kollarımı uzatırdım sana türkü söylerdim.

Çocuklar da tekrarlardı anımsadın mı?

Ay dede Ay dede
Yine gel köyümüze
Işık ver hanemize!

En güzel oyunlarımızı senin ışığının altında oynardık. Şimdi çocuklar yine oynuyorlar mı, sana türkü söylüyorlar mı acaba? Eminim bunu yapıyorlardır! Keşke onların arasında olsaydım şimdi!

Bak yalnızım işte! Mutsuzum! Sevdiklerimi düşlerimde, rüyalarımda görebiliyorum ancak! Senin bana, sevgiyle baktığın günler geride kaldı. Benim de sana sevgiyle baktığım günler...

Şimdi ben o zamanki Hüseyin değilim!

Benimle koşardın, benimle dururdun!

Yerimden kalksam yine eskisi gibi benimle koşar mısın? Sanmıyorum güzel Ay, çünkü ben birini vurdum! Her yeri ve her şeyi gören sen yaptığımı biliyorsun eminim. Ama senden bir şey istiyorum, duyuyor musun beni. Alız'dan geçerken evimizin penceresinden gir, annemi ve kardeşlerimi benim yerime doyasıya öp, olur mu?"

Ay, uzaklaşırken Hüseyin de uykuya yenik düştü.

13

Topluma Farklı Bakış'ın sahipleri Ferit ve Zeki'nin tuttuğu avukat Zülfü'yü serbest bıraktırmıştı. Mahkemesi tutuksuz devam ediyordu. Komutan, Zülfü'ye, 'seni her an nezarete getirecek bir neden bulabilirim,' diye gözdağı vermişti. Bundan da çok korkmuştu. Tedirgindi. Sonunda Vahap'ın barış isteğini kabul etmişti. Bu yüzden evinde köylüleri, Topluma Farklı Bakış'çılar, Tarım İşçileri Sendikası'nın şube temsilcileri oturuyordu.

Herkes bir şey söylemişti.

Sonunda Zülfü de: "Söylediklerinizin hepsi doğru" dedi, "yerden göğe kadar haklısınız! Yüreğim yanıyor benim! Nasıl söylesem, görünmeyen bir ateş içindeyim şimdi! Cayır cayır yanıyorum! Bu ateşi ne ben söndürebiliyorum, ne de başkası söndürebiliyor, anlıyor musunuz? İnsan kazdığı kuyuya düşermiş! Geç de olsa anladım bunu! Bu kuyunun içinde bir damla su yok, görünmez ateş var sadece. Bu sırada sağduyumla tanıştım, onu dinledim! İşte bu yüzden buradasınız, yani önce kendim barışın ne denli gerekli olduğunu kavradığım için kapımı size açtım. Hem de yüreğimin kapısını! Kanı kan ile temizlemek doğru değilmiş! Bir musibet bin nasihattan iyiymiş. Ah böyle olacağını önceden bilseydim. Hüseyin'imi ellerimle kazdığım kuyuya atmazdım. Bilmemişim! O da benim gibi cayır cayır yanıyor! Bora öğretmeni, karımı dinleseydim böyle olmayacaktı! Bu yaşımdan sonra gencecik bir insandan dayak yemeyecektim, askerlik arkadaşım da dayak yemeyecekti! At gözlüğü takmışım da yanlış yolda yürümüşüm bunca zaman! Olanlar gözlerimdeki at gözlüğünü düşürdü, inanın! Bora öğretmen büyük insan! Beni ve oğlumu bağışlamış! Oğlumu kurtarmak için elinden geleni esirgemiyormuş. Hüseyin bir öğrense öğretmenini vurduğunu ne yapar bilemiyorum! İnanın yaralanmış olmasına, o gün Vahap'ın da gelmemiş olmasına seviniyorum! Bunu bütün içtenliğimle, inanarak ve isteyerek söylüyorum! Ağalar, bırakın da biraz daha konuşayım olmaz mı? Eğer sizi kıracak ya da gücendirecek bir söz çıkarsa ağzımdan bunu bugünün sevincine verin! Sanki Hüseyin'im bağışlanmış, aramızdaymış gibi sevinçliyim bugün! Bana yedirdiklerinizi kusacağım biraz da. Yüreklerimiz kabarmasın, midelerimiz bulanmasın demeyeceğim! Yürekleriniz kabarsın, mideleriniz bulansın! Madem ki yapıcısınız bugün, değil mi?! Dost acı konuşmaz mı söyleyin! Benim gibi acısı olan, kanunların cezasını yeterli buldu mu? Yaşadığımız ülkenin içinde apayrı bir ülke değil mi Alız, hukukuyla, yaşamıyla, geleneğiyle töreleriyle, her şeyiyle, yalan mı komşular? Hâlen birbirimize dost görünüp birbirimizin kuyusunu kazmıyor muyuz? Yarın benim karnımı, içinden siz çıkacaksınız, inanın! Kazdığım kuyudaki ateşi yakan da sizsiniz! Hiç olduğunuz gibi görünmediniz! Doğrudan sizi suçlamıyorum. Bora öğretmenin söylediği ve aklımda kaldığı kadarıyla şöyle demek istiyorum: 'İnsanlar hangi düzeyde ortam yaratırsa ortamda aynı düzeyde insanlar yaratır.' Gerçekten de bu doğru! Sizin, sizden öncekilerin yarattığı ortamın ürünü değil miyim şimdi? Bunda senin, onun, bunun değil, bütün Alızlıların suçu var diyorum, anlıyor musunuz? Aramızı kapatmaya değil, aramızı açmaya çalıştınız. Yüzümüzü, güldürmeye değil, yüzümüzü karartmaya çalıştınız hep! Arife tarif gerekmez derler! Varın anlayın ne demek istediğimi! Çoğunuz samimisiniz bilirim ama alınmayın çoğunuz da sırf yeni şeyler konuşmak için buradasınız, yalan mı? Yeni dedikodular çıkarmak bence bizim harcımız olmamalı! Can çıkmayınca huy çıkmaz diyeceksiniz, biliyorum ama buna katılmıyorum ben, can çıkmadan da huy değişir yeter ki bunun için çaba gösterelim! Bir yanlışınız da Vahapları beraberinde getirmemeniz. Bunca şeyden sonra onu aranızda evimde görmeyi isterdim. Ama olan olmuş, belki de haklısınız, öfkeyle kalkıp zararla oturmayayım diye böyle davrandınız, ne diyeyim ki. Hadi çayımızı Vahaplarda içelim olmaz mı?"

Odadakiler ayağa kalktılar ve onu alkışladılar. Sıra ile de öptüler. Bu arada Ali Sefa: "Ağzından bal aktı be komşum," dedi, "köycek örnek olalım artık çevremize değil mi! Zararın neresinden dönülürse kârdır demişler boşuna mı!"

Birdenbire sessizlik oldu.

Odanın kapısı açıldı. Odaya Vahap, babası, karısı ve oğlu girdi. Zülfü ona yürüdü. Vahap'ı kucakladı. Öptü. 'Geçmiş olsun' dedi ona. Bu arada Zülfü'nün gözleri dolmuştu. Usulca ağlıyordu. Odadakilere gözyaşlarını göstermemeye çalışıyordu. Duygulanmıştı. Sırtındaki yüklerden biri daha kalkmıştı. Sevinç, görünmez ateşi söndürmeye bir avuç su olmuştu.

"Gazetemiz bir ilke daha imza attı. Alız köyünde düşman iki aileyi; Tarım İşçileri Sendikası'nın ilçe şubesinin temsilcileri, Alızlılar ile birlikte Vahap Duranaliler'le Zülfü Çetin'i barıştırdı sonunda. Bu çabamızdan dolayı gazetemize yapılan tebrik ziyaretleri ve gönderilen mektuplar bizi gönendirdi. Farklı Bakış'ın sözcüsü olan gazetemiz böyle girişimlerde bulunmayı insanlık görevi saymaktadır."

Topluma Farklı Bakış

"Bir süre önce saldırıya uğrayan Bora Elagöz'ün (27) öğrencisi tarafından vurulduğu açıklandı. Bu bilgiyi Hüseyin Çetin'in (14) babasından aldıklarını belirten yetkililer, kendisinin oğlunu kanlıları Vahap Küçük'ü (42) öldürmesi için azmettirdiğini, bu yüzden yol üstündeki tepeye pusu kurduğunu, oğlunun da belki heyecandan dolayı yoldan geçen B. E'yi Vahap sandığı için yanlışlıkla vurmuş olabileceğini itiraf ettiğini, söylediler. Aynı tepeye yakın kavaklıktan ateş edenin kimliği ile ilgili bilgi edinemediklerini, doğru iz üstünde olduklarını ve H. Ç'in yakalanmasıyla olayın aydınlanacağını belirttiler."

Topluma Farklı Bakış

5. Bölüm

1

Pancar üreticileri ile mevsimlik tarım işçilerinin temsilcileri yine aynı masanın etrafında buluştu. Birbirine samimi olmayan gülücüklerle içten görünmeye çalıştılar. İçten içe koşullarını, kabul ettirememenin huzursuzluğunu böyle kapatmaya yöneldiler.

Pancar üreticilerinin temsilcileri, sözcüleri ayağa kalkınca ayakta alkışladılar. Gözlerini ondan ayırmadılar.

Sözcü, boğazını temizledikten sonra: "Aslında" dedi söze başlarken, "gönül cennete girmeyi ister, ama günah bırakmaz, derler. Buradakilerin bazıları, bunun konumuzla ne ilgisi var diye düşünebilir, fakat eğri oturup doğru konuşmak gerekirse, üreticiyiz, toprak sahibiyiz diye parayı kolay kazanmıyoruz ki ekmek elden su gölden anlayışında olanların her istediğini verelim. Gerçekten biz tarlamızda, kapımızda, çiftliklerimizde çalışanlara daha çok vermek isteriz ama bu mümkün olamıyor, giderlerimiz çok. Ne vaktimiz var söylemeye, ne de hakkımız var buradakileri sorunlarımızla sıkmaya, değil mi?

"Sabırlı olun. Hep siz konuştunuz biz dinledik. Şimdi de sıra bizde, isteseniz de istemesiniz de dinleyeceksiniz. Sendikacılara göre her şey kolay ve her şey sömürü, fakat kazın ayağı öyle değil. Çünkü lafla peynir gemisi yürüseydi, atı alan Üsküdar'ı geçmezdi. Konudan konuya geçtiğimi sanmayın. Şimdi hayat tecrübesi olmayan sendikacıların önerilerine karşılık kendi aramızda, çok kısa sürede de olsa, belirlediğimiz çalışma koşullarını, ücret konusunu açıklayacağım.

"Tamam, sekiz saatlik çalışmayı kabul ediyoruz ama bu süreye karşılık toplam iki saatlik dinlenme olsun.

"Sendikacılar niçin karşı çıkıyor, anlamıyorum ki! Ülkemizin huzurunu, iş düzenini, barışını, ahlakını, milli çıkarlarını düşünmüyorlar mı? Bunları yok mu sayıyorlar?

"Pancar yaprağını, koza saplarını ihtiyacı olan ırgatlara verelim, evet; fakat traktörlerimiz çeşme suyu ile çalışmıyor. Hiç olmazsa yakıt parasını taşıma ücreti olarak alalım. Hem malımızı verelim hem de taşıyalım, olmaz ki böyle şey.

"Sendikacılar, keser benzetmemize uyuyorlar! Bizim de bu ülkede yaşadığımızı, buralı olduğumuzu unutmuş görünüyorlar, biz domuz değiliz ki her kopardıkları kâr olsun. Nesnellik, akılcılık, bilimselcilik, eşitçilik, hakseverlik, bilmem daha neler neler, söyledikleri sadece sözde midir, bilemiyorum. Diğer koşullarını da kabul ediyoruz, ne bir eksik ne bir fazla. Fakat ırgatların gündelik ücretlerini sizin tespit etmenizi istiyoruz. Buna sendikacıların da bir diyeceği olmaz umarım."

Sendikacılar, kendi aralarında kısa bir görüşme yaptıktan sonra hakem durumundaki resmi görevliye öneriyi kabul ettiklerini işaret ettiler. Bunun üzerine resmi görevli ayağa kalktı. Ufak tefek, nokta bıyıklı, sarışın ve kel birisiydi. İkide bir kravatıyla oynuyor ve onu düzeltiyordu.

"Karşılıklı olarak birbirinizi dinlediğiniz ve ortak bir nokta da buluştuğunuz için size teşekkür ederim. Gerçekten ülkemizin sizin gibi toplumsal anlaşmalara farklı düşündükleri halde gerektiğinde bir araya gelebilen sağduyulu insanlara ihtiyacı var. Şimdi, beni düşünün iki kolum var. Sağ ve sol kolum aynı bedene hizmet etmiyorlar mı? Her iki kolu bedene hizmet ettiren başımın içindeki beyin değil mi? Şimdi bu örnekten yola çıkarsam, sağ kolum, bizi, sol kolum da sizi temsil ediyor. Bedenim, hepimizi ve ülkemizi, başımın içindeki beynim de sağduyulu oluşumuzu, akılcı davranışımızı, toplumsal bilincimizi temsil ediyor, değil mi? Bunlar uyum içinde.

"Şimdi, bedenimizin organları olan sağ ve sol kollarınız birbiriyle kapışıyor mu? Hayır! Kollarınızın savaş hâlinde olduğunu gördünüz mü? Peki, bedeni düşünün bir de, çevremizde var bunlar, bir kolu olmadığı zaman ne kadar biçare, yardıma muhtaç. Bir kolun olmaması, olan kolu sevindirmiyor, aksine üzüyor, onun da görevini üstlenmek zorunda kalıyor. Sizin birbirinize, bedenin de ikinize gereksinimi var, bunu unutmayın, öbür şeyler önemli değil, çünkü kol kırılır yen içinde kalır.

"Şimdi, aslında işçilerimiz gözümüz, kolumuz her şeyimiz. Onlara ne versek azdır, bilirim. Konuşmacının konuşmasının başında söylediği söz ne güzel değil mi? Bütün gerçeğimizi özetliyor, fazla söze gerek yok aslında. Sizin gibi seçkin insanların elinde bir narteks* olan sendikanın örgütlenmesi, üyelerinin hakkını savunması ve görüşlerini açık açık söylemesi azımsanacak bir şey değil, bu ne denli demokratik düşündüğümüzün somut bir belgesi değil mi arkadaşlar? Toplumsal uzlaşma, toplumsal diyalog zamanıdır şimdi! Sözümü bağlıyorum artık, sendikacılarımızın da sevineceği ve kabul edeceği ücreti söylüyorum...Kimseye söz hakkı vermiyorum. Anlaşmanın sağlandığını gazetecileri içeri alarak açıklayacağım. Daha sonra da kokteylimize katılmanızı istiyorum."

Ücret konusunda umduklarını bulamayan sendikacılar diğer haklardan dolayı bir şey demediler ve el sıkışmak için ellerini üretici temsilcilerine uzattılar.

**narteks: İlk çağlarda kor halindeki ateşi taşımak için kullanılan dayanıklı bir bitki ve böylece karanlıkta yollarını aydınlatmak için bir meşale olarak da kullanılmıştır.*

"*Tarım İşçileri Sendikası*, mevsimlik tarım işçilerinin iş koşullarını ve ücretlerini belirlemek için yaptığı toplu sözleşmeden kârlı çıktı. Sendika sözcüsü, 'Bu yıl da üyelerimiz, insanca koşullarda ve emeğinin karşılığı bir ücretle çalışmanın huzuru içinde olacak. Bu yüzden de sendikasına daha çok sahip çıkacak.' " dedi.

Topluma Farklı Bakış

6. Bölüm

1

Fadime, durmadan dönüyor, ağlıyor ve konuşuyordu.

"Anne, baba!" dedi haykırarak, "Ağabeylerimle birlikte, alıcı kuşlar gibi kuşatmışsınız beni, niye? Ben de sizin canınız, evladınız değil miyim? İki gözüm iki çeşme günlerdir akıtıyor gözyaşlarını önünüze, vicdanınız yok mu? Gözyaşlarımın oluşturduğu gölde boğulmaktan korkmuyor musunuz? Görmüyor musunuz, bir acının içindeyim, çaresizim! Beni niçin anlamıyorsunuz? Gözyaşlarımdan dolayı duvar yıkılırdı, setler göçerdi peki ya siz? Anne, bilirim yüreğin yanar, içten içe benim gibi düşünürsün, peki şimdi niçin ağzını açıp konuşmuyorsun? N'olur bana kıymayın!"

Fadime'nin uzun boylu, kara yağız, yaşlı ve zayıf babası, saçlarından tutup yere, odanın ortasına yıktı. Karnına bir tekme attı. Gözleri çakmak çakmaktı. Güçlükle nefes alıyordu.

"Tükürdüğümüzü yalayamayız!" dedi, "Kız dediğin bir avuç çamur, atası hangi duvara atarsa, o duvara yapışmak zorunda, o kadar! Çaresi yok! Bize kemlik getiremezsin, bugüne kadar kimsenin karşısında senin yüzünden boynumuz bükülmedi, bundan sonra da bükülmesin anladın mı? Aklını başına devşir! Kız kısmının er beğenmediği görülmüş duyulmuş mudur töremizde! İyi ki beşten sonrasını okumamışsın, okusaydın ne işler açardın başımıza kim bilir! Abuk sabuk konuşma artık! Babanım, kötülüğünü ister miyim? Aslan gibi delikanlı, her işi yapar, yakışıklı, kimseye saygıda kusur etmez, sonra sana kocalık yapacağına, seni, çocuklarınızı geçindireceğine inanıyorum, gözüm tuttu onu. Bu iş burada bitti, tamam mı?"

Annesi, Fadime'yi kucakladı, bir çocuk gibi. İçten içe yanıyordu ama susması gerektiğini düşünüyordu. Bu yüzden sessiz kalıyordu. Sonra ne söylese boşa gidecekti, biliyordu. Karar çoktan verilmişti çünkü. Üstüne üstlük bu yaştan sonra dayak yiyecek, azarlanacak, horlanacaktı. Bunları göze alamazdı. El âlem ne derdi, ne düşünürdü. Yüreğine taş bastı. Kızını ikna etmeye çalıştı. Gözleri bulutlandı. Nefesi daraldı. İçine ağlıyordu, sesi titrekti: "Böyle etme güzel kızım," dedi, "bir tanem, nar tanem! Hangimiz kötülüğünü istiyoruz söylesene? Alışırsın güzel kızım, benim gibi, ablan gibi! Nicesi gibi! İlkin bir gariplik çöker içine ama zamanla alışırsın kocana; sanki onunla doğmuşsun, büyümüşsün gibi olur her günün. Zaman en büyük çaredir kızım! Zaman, bu söylediklerini, düşündüklerini, şimdiki çektiklerini unutturur sana! Çoğuna unutturduğu gibi! Perişan oldun canımın içi, perişan. Kalk artık, ağlama; ne kadar da gözyaşın varmış, günlerdir ağlıyorsun yine de tükenmiyor! Gözyaşlarının içinde boğulacaksın, kurtaran olmayacak seni, ben cahilin tekiyim işte, yüzmesini de bilmem ki benim gibi yüzmeyi bilmeyen canımın içini kurtarayım. Ağlama, biricik yavrum! Yükü çeken hep biz olduğumuza, göre ha istediğin birisi sırtına yük vurmuş, ha istemediğin biri. Ne fark eder ceylanım! Sonra dünyanın sonu değil ki! Ve dünyada ilk de değilsin, son da olmayacaksın. Bu böyle sürdükten sonra..."

Fadime aniden doğruldu. Annesinin omuzlarından tuttu biraz sarstı. "Güzel anam," dedi "dünyanın sonu budur işte! Öldürün, kurtlara, kuşlara yedirin beni ama bunu bana yapmayın!"

Odaya yeni giren büyük ağabeyi atıldı Fadime'nin üstüne, tutup yerde sürükledi. Tekmeledi, yumrukladı. Burnuna gelen yumrukla birlikte canı daha çok yandı, elleriyle yüzünü korumaya çalıştı Fadime, elleri kan İçinde kaldı. Odadakiler onu güçlükle Fadime'den uzaklaştırdı.

"Ulan elimde kalacaksın kaltak!" dedi abisi bağıra bağıra, "Nasıl konuşursun öyle? Ulan, bu kadar dir務ettiğine göre, birinin altına mı yattın konuşsana? Çıkar dilinin altındaki baklayı da gör hâlini! Eğer öyle bir şey olmuşsa..."

Fadime'nin anası, ayağa kalktı. Odadakilere baktı. Gözleri alev alevdi. Şimdiye kadar kimse onu böyle görmemişti. Analığı üzerindeydi. Kararlıydı. Dimdikti. Doluydu.

"Günlerdir," dedi, "yavruma gözlerimin önünde eziyet ediyorsunuz, hep sustum! Ama bu kadarı da fazla! Kızımı dayaktan delirteceksiniz be! Tüh erkekliğiniz batsın e mi! Tatlı söz yılanı deliğinden çıkarır, duymadınız mı? Hep akıllı geçinirsiniz ama akılsızdan da betersiniz! Hem kızım, başkası için değil kendiniz için düşündüğünüz kemliği yapmamıştır, yapmaz da, biliyorum, çünkü anayım! Ne duruyorsunuz, odadan gidin, çıkın artık! Bir kere olsun ona sormadınız seni istiyorlar, vereceğiz, fikrin nedir diye, elbette biraz değil bu kadar diretecek! Ama benim kızım hepinizden akıllı, o her kız gibi ak gelinlikle bu evden çıkacak ve attığınız duyara yapışacak, daha ne istiyorsunuz, öldürmek mi? Niyetiniz buysa, kızıma açı çektirmeyin bir kere öldürün olsun bitsin."

Odadakiler çıktıktan sonra, ana kız birbirine sarıldı. İkisi de hıçkıra hıçkıra ağladı.

2

Fadime ailesinin kararına boyun eğmiş, bir top çamur olarak atıldığı duvara yapışmış, yeni hayatına alışmaya başlamıştı. Günler, işler birbirinin, konuşmalar da, ilişkiler de birbirinin tekrarıydı. Bir gün, kocasının küçüğü olan kaynı geldi çalışmaya gittiği gurbetten. Yalnız değildi. Zayıf, minyon tipli ama cin gibi sarışın bir kız getirmişti. Birbirini sevmiş ve kaçmışlardı.

Fadime onunla dost oldu, kaynaştı.

Dünyası değişmeye, yeni şeyler öğrenmeye başladı böylece. Bir süre sonra, Fadime; hiç aklına gelmeyen bir şeyle karşılaştı. Tuhaflaştı. Gözlerini, deliler gibi sevişen, çırılçıplak olan yeni gelinden ve kaynından alamadı. Kapı aralığından görmüştü, geçerken ama ne yaptıklarını merak ettiğinden durup seyretmişti. Kaynında olan kocasında yoktu. Şaşırdı. Heyecanlandı. Utandı. Onları seyrettiğinden dolayı pişman oldu. Hemen uzaklaştı. Apış arasında ucunda sidik deliği olan başparmağının yarısı kadar bir çıkıntı vardı kocasında.

Odasına çekildi. Düşünmeye başladı.

İlk geceden itibaren kocasıyla kardeş kardeş yattığını, gördükleri gibi bir şeyi hiç yaşamadığını anımsadı. İçine şüphe düştü. Annesine gönderilen kanlı çarşafın sırrını çözmeye çalıştı. Yumuşak huylu, çalışkan, yakışıklı içten ve hoşgörülü olan kocası Arif'i düşündü. Ona hem acıdı hem de... Ne düşüneceğini bilemedi onun için. Aslında Arif'e karşı içten içe bir sevgi duyuyordu ama...

Fadime, günlerce, gecelerce gördüklerinin etkisinde kaldı. Gördüklerini düşünmeden edemedi. Kocasıyla ilişkisinin güzelliğini düşününce Arif'e içindekileri sormaktan vazgeçiyordu ama bu birlikteliğin diğer yanını düşündüğünde ise bocalıyordu.

Gördüklerini, düşündüklerini, içini ele geçiren sorularını unutmak istiyordu. Bu yüzden daha çok çalışıyor, kendisine iş buluyordu ama yine de düşüncesinden, gördüklerinden ve içini ele geçiren sorularından kurtulamıyordu. Bunları daha fazla taşıyamayacağını anladı sonunda. Ve kararını verdi. Ne olursa olsun kocasına soracaktı içinde birikip yılanlaşan ve canını misliyle acıtan sorularını. Bütün cesaretini topladı ve yatağında kocasını bekledi.

Arif odaya girince, heyecanlandı. Titredi. Onun sorularına nasıl cevap vereceğini ve tepkisini düşündü birdenbire.

Arif soyunup yanına uzandı Fadime'nin. Fadime'ye sokuldu. Öpmeye başladı usul usul. Fadime, ağzındaki baklayı çıkardı. Böylece sözel oklar art arda yaylaşan dudaklarından Arif'in hedef olan kulaklarına yöneldi... Arif'in de canı yandıkça yandı...

3

Fadime, Arif'ten duyduklarını kabullenmek istemedi önce ama zamanla duyduklarını kanıksamış gibi yaptı. Çünkü gerçeğini bütün çıplaklığı ile kendine anlatan Arif'in ne kadar içli ve alıngan olduğunu biliyordu. Kimseden görmediği insanlığı, ilgiyi ve yardımı yapan Arif'i üzmek de İstemiyordu. Ama aradan geçen birkaç günden sonra bunları anasıyla da paylaşmak ve ondan akıl almak istedi. Bu yüzden anasına söyledi. "Anne" dedi, "kocaman adam, bir çocuk gibi ağladı karşımda. Eridi. Küçüldü. Ağlaya ağlaya anlattı her şeyi. Daha yeni yetmeyken bir kaza geçirmiş. Erkekliği neredeyse kökünden kopmuş. Geriye şu kadar bir şey kalmış. Biraz daha gecikselermiş ölecekmiş. Arif'i kurtarmış doktorlar ama erkekliğini çok geç kaldıkları için dikememişler. Kendi memleketlerinde alay konusu olmuş durumu. El içine çıkamamış. Ailesi bu yüzden Elmalı'ya gelip yerleşmiş. Beni çok sevmiş ama yine de benle evlenmek istememiş. Onu da benim gibi ailesi yakmış! Acıdım, kahroldum. Ne diyeceğimi, ne yapacağımı bilemedim. Öylece kalakaldım."

Fadime'nin anası heyecanlandı. Yerinde duramadı. "Şaştım kaldım!" dedi, "Ya o kanlı çarşaf?"

"Arif'in," dedi Fadime, "söylediğine göre, o ilk gece kızlığımı parmağı ile..."

"Kız bu nasıl İş?"dedi hayretle anası, "hiç mi farkına varmadın?"

"O gece bir şeyin farkına varamadım anam" dedi acıyla, "o söylemesiydi diğer gecelerin de farkına varmayacaktım. Karanlıkta ve yorganın altında birbirimizi gördüğümüz mü var ki."

"Yani o işi," dedi anası Fadime'nin, "şimdiye kadar hep parmağı ile mi?"

"Evet!" dedi Fadime, "parmağı ile... Gerçi yeni yeni farkına varıyorum bazı şeylerin ama ne bileyim bu konularda da cahiliz işte."

"Kız sus!" dedi anası.

"Bilmeden kendimi kurtarmak istemişim," dedi Fadime "ama beni dinlemediniz ki!"

"Madem söyledin," dedi anası Fadime'nin, "diyeyim bari eltinin ağzı durmuyor kızım. Orda burada evdekilerin sırrını bir bir söylüyor."

"Dünyada inanmam buna!" dedi Fadime, "o yapmaz böyle bir şey!"

"Arif'in diğer erkekler gibi olmadığını söylüyormuş." dedi anası.

"Şimdi bayılacağım ha," dedi, "kimden duymuş olabilir ki, kaynanam, kayınbabam ve kayınlarım devlet sırrı gibi saklıyor bu gerçeği, bu yüzden benim de bir dediğimi iki etmiyorlar. İnanmam, o bilmiyor bunu!"

"Kızım o kadar da saf olma," dedi anası Fadime'ye, "eltinin kocası bir gece eve çok sarhoş gelmiş. Güçlükle onu eve almışlar. Çünkü eve girmek istemiyormuş. Durmadan ağlıyormuş. İkinizin durumuna çok üzüldüğünü söyleyip duruyormuş. Anası babası ağzından bir laf kaçırmasın diye çok uğraşmış ama sonunda diyeceğini demiş, karısına. İstemeden söylemiş ama eltin isteyerek mi istemeyerek mi söylüyor orasını bilmiyorum. Yani Elmalı'nın dilindesiniz."

"Ama bana şimdiye kadar kimse bir şey sormadı, söylemedi de!" dedi Fadime.

"Deli olma kızım," dedi anası, "yüzüne 'kocan erkek değilmiş kız, o işi nasıl beceriyorsunuz' diye soracak değiller ya... Babana, ağabeylerine söyleyelim bunu, böylece eskiden olduğu gibi bizimle olursun güzel kızım!"

"Artık hiçbir şey," dedi Fadime, "eskisi gibi olamaz! Sonuna kadar Arif'le kalacağım! Bir insanın bir insanı sevmesinin ne olduğunu Arif'te gördüm. Eğer onu bırakırsam yıkılır, ölür! Ondan ayrılmayı uzun uzun düşünmem gerekir şimdi olmaz, asla!"

"Fadime'm," dedi anası ağlamaklı biçimde, "bu olacak şey mi, onunla nasıl yaşarsın bundan böyle? Evine dön!"

"Arif'ten ayrılmayacağım!" dedi. Fadime, "onunla yaşamayı

sürdüreceğim! Siz İstiyorsunuz diye evliliğimi yıkmayacağım! Eğer o bu evliliği sürdürmek istemezse bilemem ama ben gittiği yere kadar götüreceğim!"

"Kendini ateşe atarak," dedi anası, "bizden intikam mı almak istiyorsun ceylanım?"

"Çok yanlış düşünüyorsun güzel anam," dedi Fadime, "intikam almak ne kelime, bu benim hayatım anlıyor musun beni? Bundan böyle kararlarımı kendim vereceğim!"

"Erkekliği olmayan biriyle?" dedi anası.

"Sen yanlış düşünüyorsun ana," dedi Fadime, "bu evden ayrıldığım güne kadar, babamın ağabeylerimin size ettiklerini gördükten, yaşadıktan sonra, bir kadın için kocanın ne olduğunu öğrendim! İnsan, insan o! Beni anlamayacağın için daha fazla konuşmak istemiyorum ama beni azıcık seviyorsan, beni bana bırakın, bana karışmayın artık olur mu, bunun için senden söz istiyorum!"

"Ama ben..." dedi anası.

"Kusura bakma, ama anne," dedi, Fadime, "artık ne seni ne de bir başkasını dinlemeyeceğim, sözüm söz!"

"Fadime'm gitme, kızım!" dedi yalvardı anası.

"Hoşça kal!" dedi, anasına bile bakmadan kapıyı çekip gitti.

4

Bir gün Elmalı, Fadime'nin Arif'in onca çabasına karşılık yine de sokaklardan, aralardan sürüklene sürüklene baba evine götürülmeliyle kaynadı. Adı kötüye çıkan bir gelini evde daha fazla tutmak istemediklerini söylemişlerdi ona. Fadime yalvarmıştı, suçsuz günahsız olduğunu söylemişti. Kimseyi suçsuz olduğuna inandıramamıştı, Arif'ten başka kimsenin yüzüne bakamıyor, insan içine çıkamıyordu. Evde, sürüklenerek götürüldüğü güne kadar bir gölge gibi yaşamıştı. Annesi, babası ve ağabeyleri, yengeleri, susmuşlardı. Hiçbirisinin ağzını bıçak açmıyordu. Yüzüne bile bakmıyorlardı. Kapandığı odada mahkûm gibiydi. Kıpırdamıyor, yemiyor, sanki yaşamıyordu. Hep düşünüyordu.

Arif'in erkeksizliği Elmalı'da duyulduktan sonra, herkes onları konuşmaya başlamış, erkekler Fadime'den yararlanacaklarını düşünüp fırsat buldukça önüne çıkmış, yaşamı ona dar etmişlerdi. Arif'le birlikte direnmeye, ayakta durmaya, herkese ve her şeye karşın yaşamaya çalışıyorlardı ama çemberin daraldığını, çaresiz kaldıklarını, rahat yüzü göremeyeceklerini düşündükçe de ümitsizliğe kapılıyorlardı.

Fadime, bir erkek gibi orada burada önüne çıkıp sarkıntılık yapmak, kendisiyle birlikte olmak isteyenlerden kurtuluyordu. Ama bir gün hiç ummadığı birisinden... Ona kardeş gözüyle bakıyordu. Komşularının oğlu Sefer'di bu. Karısı hem çocukluk arkadaşı hem de gönül dostuydu. Birbirini ziyaret ediyor, sabah akşam görüşüyorlardı. Dertleşiyorlardı. İş yaparken birbirine yardım ediyorlardı. Sefer de Arif'in candan arkadaşı, kaynanasının ve kayınbabasının sevgisini kazanmış biriydi. Eve rahat girip çıkıyordu.

Fadime bunları düşündükçe, Sefer'in içten pazarlıklı sinsi bir yılan olduğunu anlıyordu ama...

O günü hatırladı, tüyleri diken diken oldu. Ölmek istedi. Kendini yerden yere vurdu. Evde yalnızdı. Evdekiler harman yerindeydiler, çalışıyorlardı. Kapıdaydı. Sefer'i gördü. Gülüyordu. Heyecanlıydı. Fadime'den gözlerini ayırmıyordu. "Hayırdır Sefer ne istiyorsun" dedi. Sefer, "karım birdenbire yığıldı kaldı. Karnında bir sancı, bir sancı sorma gitsin. Bırakıp geldim. Çünkü *git Fadime gelsin bana yardım etsin*" diye karşılık verdi. "Ben ne yapabilirim ki" diye sordu Fadime. "Ben de bilmiyorum ama bir an önce gelsen iyi olur," dedi. Sefer'e inandı. Süpürgeyi bıraktı ve hemen Sefer'le gitti. Odaya girdiği zaman içine garip bir ateş düştü. İçi kavruldu. Sefer'e bakmaktan, onunla göz göze gelmekten korktu. Seslendi. Yanıt veren olmadı. Aniden döndü. Evde hiç kimsenin olmadığını anladı. Sefer'le göz göze geldi. İğrendi ondan. Sefer, bir hayvan gibi saldırdı. Onu odaya çekti. Yatağa sürükledi. Fadime yalvardı. Ağladı. Karşı koymaya çalıştı ama ne yaptıysa onu durduramadı...

Perişan bir hâlde eve geldi. Elbisesini değiştirdi. Hazırladığı yemeği harman yerine götürdü. Kimsenin yüzüne bakamadı. Hiç konuşmadı. Düşündü durdu. Sefer'in bir daha kendini rahatsız etmeyeceğini sanıyordu ama yanılmıştı. Olayı kimseye söylememesi Sefer'e cesaret vermişti. Fırsat buldukça Fadime ile birlikte olmak istediğini söylüyordu. Fadime onu tersleyince de adını çıkaracağını söyleyerek tehdit ediyordu. Fadime ona yüz vermedi. Yaşadıklarını unutmaya çalıştı. Ama bir sabah Sefer'in sözünde durduğunu öğrendi. Hep sustu. Elmalı'da herkes onları konuşuyordu. Sefer Fadime ile birlikte olduğunu söylemişti. Arif'ten başka herkes Fadime'nin Sefer'in dostu olduğunu söyledi.

Ve sonunda da...

Fadime, Sefer'i ve haksızlığa uğradığını düşündü. O güne, saflığına, tuzağa düşmüşlüğüne lanet yağdırıp durdu günlerce...

5

Fadime'nin babası, annesi, ağabeyleri, yengeleri düşmandı sanki. Ona inanmıyorlardı. Hepsi de asık suratlı ve öfkeliydi. Bir top gibi odanın ortasında duran Fadime'nin etrafında dönüyorlardı, alıcı kuşlar gibi. Yüzleri gölgeliydi. Fadime ağlıyordu. Suçsuz olduğunu haykırıyordu.

Seydi atıldı: "Fadime'nin" dedi, "doğru söylediğine inanıyorum! Günlerdir ona işkence ediyoruz, dövüyoruz, sürüklüyoruz, canından can koparıyoruz ama her gün aynı şeyi söylüyor! Ne bir fazla ne bir eksik anlamadım gitti. Yaptığımız doğru değil, bir de..."

Hüsnü araya girdi: "Peki gerçek suçlu kim?" diye sordu ortaya, "Fadime mi, yoksa Sefer İti mi?"

Ali, eğildi. Fadime'nin saçını okşadı. Diz çöktüğü yerden ağabeylerine baktı. "Arif'in hakkında söylenenler doğru olduğuna göre," dedi. "Sefer iti de diğerleri gibi Fadime'yi rahatsız etmiş, Fadime'nin söylediği gibi tuzak kurmuştur, soysuzlardan her şey beklenir çünkü!"

Mustafa, davudi sesiyle: "Bacımız" dedi, "imama kızıp abdest bozmuş olamaz mı?"

Şeydi öfkeyle: "Ne demek şimdi bu?" diyerek sordu ona.

"İmam, bizim", dedi "onu Arif'e varsın diye zorladık ya hep birlik Fadime'nin babası:

"Evlatlarım," dedi, "acı içinde kıvranan kızımın yanında konuştuklarınızı kulaklarınız işitiyor mu acaba? Belki de suçlu benim, hepimiziz belki, nasıl söylesem kızımı Arif'e vermeseydim bunların hiçbiri olmayacaktı, değil mi? Ama nasıl bilebilirdim ki Arif... Artık yapacak bir şey yok. Bunu kapatalım. Her şey eskisi gibi olmaz ama, gelecek ne gösterir bilemiyorum, Bundan sonrası güzel olur diye umut ediyorum. Kızımı yeterince üzdüm, artık üzmeyelim diyorum. Gelin hep birlikte..."

Ali, babasının sözünü keserek; "Baba!" dedi, "Fadime için

söylediklerine katılıyorum ama o Sefer itinin cezalandırılmasını düşünüyorum. Yapanın yanına yaptığı kalırsa, Elmalı'da el içine çıkamayız. N'oldu sana böyle?"

Fadime'nin annesi atıldı. Ellerini açtı, kollarını uzattı oğullarına, yalvaran gözlerle baktı.

"Babanızı duydunuz," dedi, "bu kadar işte! Yarın Fadime için, hepimiz için yeni ve güzel bir gün olsun! Bırakın yapan ettiğini..."

Mustafa annesinin sözünü keserek: "Aynen Ali ağabeyim gibi," dedi, "düşünüyorum!"

Odadan önce Fadime'nin babası, ardından da yengeleri çıktı. Daha sonra da Fadime'yi annesi güçlükle kaldırıp götürdü. Odada Ali, Hüsnü, Seydi ve Mustafa kaldı. Kendi aralarında konuşup durdular. Sigara üstüne sigara içtiler.

Mustafa, "Kısasa kısas olsun," dedi.

Ali, "Sefer'in bacısı yok ki..." dedi.

Seydi, "Karısı var ya, dünya güzeli," diye bağırdı.

Hüsnü, "Onun suçu yok ki..." diye karşı çıktı.

Ali, "Fadime'nin suçu neydi peki?" diye atıldı. "Sefer eli götünde dolaşıp dursun, namusumuzu sakız yapıp çiğnesin biz de..."

Hüsnü, "Önce Seferle konuşalım, ona göre bir ceza düşünürüz sonra," dedi.

6

Hüsnü, kardeşlerini ikna etmişti.

Günlerce Sefer'i beklemiş ve bir akşamüstü evine dönerken, dar ve de karanlık bir sokakta önüne geçmişti. Hüsnü, korkmamasını, kötülük yapmayacağını söyledi. Sefer yine de tedirgindi. Korkuyordu. Sokaktan biri geçsin istiyordu. Çünkü ne olacağını kestiremiyordu. Hüsnü'ye inanıyordu ama... Onun gözlerine bakamıyor, başını kaldıramıyordu. Öylece duruyordu. Hüsnü içten konuşuyordu. Rahattı. Sesi tok çıkıyordu. Sefer, her an ölecekmiş gibi, öldürülecekmiş gibi huzursuzdu. Birdenbire yalvarmaya, af dilemeye, isterseler karısını boşayıp Fadime'yle evlenmeye hazır olduğunu, yaptığından pişmanlık duyduğunu, Fadime'nin suçsuz olduğunu söyledi. Hüsnü buz gibi oldu. Onun gerçeği Fadime gibi anlatacağını beklemiyordu. Ne diyeceğini, ne yapacağını bilemedi. Sefer'i bırakıp uzaklaştı.

Günlerce düşündü. Çıkar bir yol bulamadı. Sefer'e Elmalı'dan gitmesini söylemekten başka... Gerçeği söylese Sefer, yalan söylese Fadime yanacaktı çünkü. İkisine de bir şey olsun istemiyordu. Öfkeyle kalkıp zararla oturmak bir şey kazandırmayacaktı kimseye. Bu yüzden Sefer'den yanıt bekledi. Sonunda beklediği haber geldi, Sefer 'Elmalı'dan gitmem,' diyordu. Bir de meydan okuyordu, haberi getirene göre. Hüsnü, Sefer'in söylediklerini olduğu gibi kardeşlerine anlatmak zorunda kaldı. Pişman da oldu ama artık iş işten geçmişti.

Her kafadan bir ses çıkıyordu, ama Ali, "Sefer yaptığını açıkça söylemiş, karşılığını vermemiz şart! Madem ki pişmanım demekle her şey kapanıyor, biz de kötülük yapalım ve özür dileyelim olsun bitsin! Üstelik de efelik yapıyor! Bizi küçümsüyor! Seferlerin sülalesi kalabalık diye bunları yutacak mıyız yani? Elmalı'da fors atıyor! Sizi bilmem ama ben daha fazla katlanmayacağım! Onun alnımıza sürdüğü bu karayı biz de onun alnına sürmeliyiz ki Elmalılara karşı yüzümüz olsun!" diyerek diretiyordu.

Ali, Hüsnü, Seydi ve Mustafa, babalarından gizli olarak konuşmaya, plan yapmaya ve Sefer'i Elmalı'da gezmez etmeye karar verdiler. Kendi karılarına bile söylememeye sözleştiler.

Ve uygun zamanı beklemeye başladılar.

7

Sefer, çıldırmış gibiydi. Karısına bakamıyor, dövünüyor, küfrediyordu. Duvarları, kapıları yumrukluyordu. Canı yanıyordu ama aldırmıyordu. Gözleri alev alevdi. Acıyla inleyerek:

"Elmalıların," dedi, "dilindeyiz güzelim. Gerçek gibi yalan olmaz ki! Yüzümüzün karasını senin yüzüne sürdüler de kapkara olduk. Benim yüzümden, benim hatamdan biliyor musun? Fadime'ye de, bize de kötülük ettim! Keşke o gün ölseydim de o boku yemeseydim! Rüzgâr eken fırtına biçermiş dedikleri bu olsa gerek. Ah eşek kafam, ah sersemliğime doymayım! Nasıl oldu da Hüsnü'ye inanıp her şey olduğu gibi söyledim. Onun yumuşaklığına mı kandım. Canımı kurtarmak mı istedim; bilmiyorum ki. Bir bir söyledim, ah ne vardı doğruyu söyleyecek. Ama o gün bir başkasıydı sanki Hüsnü'nün karşısında konuşan, gerçekten vicdanım beni ele verdi. İsteseydim onun sesini keserdim, onu konuşturmazdım, ne bileyim. Adamlar sonunda söylediklerini yaptı. Ah söylemeseydim de seni alıp gitseydim buralardan. Onları dinleseydim. Ne bileyim, babama inandım, 'onlar sana gözdağı veriyor, hiçbir şey yapamazlar, biz çokuz çünkü. Köylük yerde arkasız ve hırkasız korkar, bizim gibiler değil,' dediydi. Ama herkesin ballandıra ballandıra anlattığını benden saklıyorsun, Allah da ben de sen de biliyoruz! N'olur beni kandırmayın böyle, anamın da senin de yanında küçülüyorum her gün. Yüzünüze bakamıyorum. Evimize girdiklerini görenler var, anamın ve senin sesini duyanlar... Daha hangi birini söyleyeyim size. Görenler, duyanlar korkudan yanınıza gelememiş. Ama duyduklarım bunlar değil sadece, evden çıkarken bağırmışlar üstelik! 'O iş öyle olmaz böyle olur,' diye. Nerden şehre gideceğim tuttu da sizi yalnız bıraktım. Suçlu değilsiniz, suçlu olan benim, ben!

"Sen, yaşadığın o korkunç olayı bile bile nasıl saklarsın benden? Ve hiçbir şey olmamış gibi yüzüme bakıp bana karılık yaparsın, sakın yanlış anlama beni, bunları Sefer söylemiyor, vicdanım söylüyor inan. Duyduğum, bildiğim şeyden dolayı senin yüzüne nasıl bakıyorum, sana karım diyorum. Benim yüzümden yaşadıklarınızı nasıl unutabilirim? Olacak şey mi bu? Seninle ne alıp veremedikleri vardı, benimle uğraşsalardı, beni öldürselerdi ya, Elmalı'da nasıl yaşarız böyle, söyleyin!"

Sefer, evden çıktı. Karanlığa karıştı. Yüreği yanıyordu. Öfkeliydi. Şaşkındı.

Sefer'in karısı, kaynanasının yanına oturdu.

Başını onun göğsüne koydu: "Anam," dedi ağlayarak, "n'olacak şimdi? Yalanlarımıza inanmıyor, keşke zamanında doğruyu söyleseydik, sana uyup da ne diye sakladım yaşadıklarımı, bilmem ki! Bir şey olacak diye çok korkuyorum, kendimden nefret ediyorum. Çocuklarımın yüzüne bakamıyorum. Bu utançla yaşayamam. Kendimi öldürsem diye düşünüyorum... Elek altı çocuklarıma kim bakar, n'olur onlara, çaresizlik kötü mü kötü!"

Yaşlı kadın onu öptü: "Ne bileyim yavrum, gelinim," dedi, "şaşkınlığımdan ne yaptığımı bilmiyordum ki söylediğimi bileyim, kedi gibi yapalım dedik, yüzümüze gözümüze bulaştırdık. Evimizi bastılar, karına benim, çocuklarının gözü önünde tecavüz ettiler diyemezdim ki... Kötülük kapımızda, canımızda, gün günden kötüye gidiyor, çevremiz hep karanlık hiç sabah olmayacak gibi."

8

Elmalı'da, Ali'nin, Seydi'nin, Hüsnü'nün ve Mustafa'nın adı 'eşkıya kardeşler' oldu. Kimse onlardan söz etmemeye başladı. Köyde silahlı dolaşıyor, Sefer'in akrabalarını, hısımlarını dövüyor, onlara küfrediyorlardı. Delirmişlerdi sanki. Yaşlıların uyarılarını, yalvarmalarını, öğütlerini dikkate almıyorlardı. Annelerinin, babalarının sözlerini de dinlemiyorlardı. Karakol komutanının sık sık onları gözaltına alması, uyarması da fayda etmemişti. Sonunda Sefer'in akrabaları ve Sefergiller kendilerince önlem aldı. Elmalı'yı saran kara bulutlar çoğaldı. Uçurumlar derinleşti. Bıçaklar bilendi. İzler ve sözler birbirine karıştı. Birbirini gözetmeler, taşlamalar, dövmeler arttı. Pusular, tuzaklar çoğaldı. Savaş baltaları bilendi. *Ya hep ya hiç* demekten başka çare kalmamış gibi...

Yanlışların, kötülüklerin ardı arkası gelmedi.

Sefer, Hüsnü'nün on bir yaşındaki oğlunu, okuldan eve giderken yakaladı. İçkiliydi. Abuk sabuk konuşuyordu. Kendisine engel olmak isteyenlere yumruk atıyor, bağırıyor, tehdit ediyordu. Onun elinden kurtulamayan çocuk ağlıyor, bağırıyordu. Sefer, onu dağa kaldıracağını, orada tecavüz edeceğini söylüyordu. Sonunda çocuğu Sefer'in elinden aldılar. Çocuk uçarcasına koştu. Eve geldi. Başından geçenleri babasına anlattı. Hüsnü böyle bir şeyin olamayacağını söyleyip durdu. Çocuk, köy meydanında herkesin gözü önünde kendini traktöre bindirmeye çalıştığını, onun elinden köylülerin güçlükle kurtardığını, inanmazsa gidip herkese sorabileceğini yineledi. Hüsnü, aniden evden çıktı. Kardeşlerini topladı. Onlara olanları anlattı.

Hemen köye dağıldılar kısa zaman içinde Sefer'i buldular. Sürükleye sürükleye köyün ilerisindeki söğütlüğe, Alız Nehri kıyısına götürdüler. Ne söylediğini ne yaptığını bilmeyen Sefer, ayakta bile duramıyordu. Önce dövdüler öldüresiye. Sonra da yere yatırdılar. Pantolonunu indirirler. Yalvarmasına, af dilemesine aldırmadan Hüsnü'nün tecavüz etmesine yardım ettiler kardeşleri...

Onun köyden sürüklenerek götürüldüğünü görenler önce seyretmekle yetinmiş, daha sonra da Sefergillere haber vermişlerdi. Sefer'i aramaya gidenler onu kanlar içinde yarı baygın görünce delirdiler. Sesler ve gidenler Elmalı'ya yaklaştıkça, Elmalı'nın üzerine kara kara bulutlar çöktü ve akşam erken oldu.

9

Sefer'in babası iri yarı bir adamdı. Uzun boyluydu. Sert bakışlıydı. Esmerdi. Sol yanağında derin bir bıçak izi vardı. Yerinde duramıyordu. Tir tir titriyordu. Acıdan kıvranan oğlu Sefer'e bakamıyordu. Durdu, odadakilere döndü ve "Hiçbirini sağ bırakmayalım," dedi "ocakları körelsin, soyları sürmez olsun itlerin! Başka çare yok, kararım kesin!"

Sefer'in babasının kısa konuşmasının ardından erkekler ve kadınlar dışarı çıktı. Öfkeliydiler. Kararlıydılar. Gemileri yakmışlar gibi sözlerinden dönmeyeceklerdi. Elmalı, o güne kadar bu çapta sessiz ve karanlık olmamıştı sanki. Meydandaki söğütler bile yapraklarını, ağzını açmayan insanlar gibi, tutmuşlardı. Ve gürül gürül akan çeşmenin olukları da su akıtmıyordu sanki. Meydana bakan pencereleri ve kapılarıyla üç kahvehanenin ışıkları da sönüktü.

Hüsnü, karısının, annesinin ve babasının sözünü tutmamış evde kalmamış kahvehaneye çıkmıştı. Silahına ve atıcılığına güveniyordu. Neşesi yoktu. Olanlardan sonra daha da içine kapanmıştı. Hep düşünceliydi. Yavaş yavaş yürüdü. Caminin önünden geçerken, avlu kapısının kıpırdadığını ve birkaç kişinin aniden üzerine atladığını gördü. Onlardan kurtulamadı. Bıçakların biri vücuduna giriyor, biri çıkıyordu. Boş bir çuval gibi yıkıldı camii tuvaletinin önüne. Birkaç el silah sesi duyuldu. Ardından ellerindeki sopalarla Hüsnü'nün cansız bedenini parçalayan kadınların sesleri yankılandı. Silah sesleri, küfürler birbirine karıştı.

O sırada Hüsnü'ye yardıma koşan Ali, bir duvara sinerek ilerliyordu. Elinde silah vardı ama öylesine tutuyordu. Gözleri iri iri açılmıştı. Tetiğe dokunamıyor, bağırıyordu: "Gelmeyin gelmeyin üstüme!" diyerek, "n'olur gelmeyin!" Başka bir şey söylemiyordu. Hep bunu tekrarlıyordu. Öfkeli kalabalık durmak bilmiyordu. Ali'yi duvarın bittiği köşede sıkıştırdılar. Ali'ye önce Sefer'in karısı vurdu elindeki sopayla, sonra da diğerleri vurmaya başladı.

Ali yalnızca bağırıyor, yardım istiyordu. Sopalarla, değneklerle Ali'nin kafasını paramparça ettiler. Sefer'in babası kadınların geri çekilmesini işaret etti ve elindeki silahlardan birinin bütün mermilerini Ali'nin cesedine sıktı.

Ali'nin feryadına koşan Mustafa, elindeki bıçakla saldırdı kalabalığa. Kadınlar dağılarak uzaklaştı. Mustafa ara sokaklardan üzerine gelen erkekleri de kovaladı. Ellerinde silah olanlar birkaç el ateş etti ama Mustafa'yı vuramadılar? Silahsız olanlar kendilerini en yakın kahvehaneye zor attı. Mustafa da onların ardından kahvehaneye girdi. Ama kahvehaneye girer girmez kendini yerde buldu. Üzerine inen ellerin tuttuğu uzun bıçaklarla karşılaştığında kendinden geçti... Mustafa'nın delik deşik edilen bedenini dışarıya sürüklediler. Mustafa'nın ölüsüyle karşılaşan Seydi ne yapacağını bilemedi. Elindeki silahı yere attı ve koşmaya başladı. Deli gibiydi. Yalvarmaya durdu. Hangi sokağa girdiyse kurtulamadı. Bütün sokaklar, aralar tutulmuştu. Elmalıların hepsi kendilerine düşmandı sanki. Kadınlı, erkekli öfkeli kalabalık çemberi daralttıkça Seydi'nin dizleri çözüldü, yere dizüstü çöktü. Gelenler ölümdü. Yalnızca bekledi. Sonra sopalar, değnekler indi, kalktı... Kırılmadık kemikleri kalmadı Seydi'nin.

"Hepsinin üzerine mermilerinizi sıkın, hadi ne bekliyorsunuz" dedi Sefer'in babası. Ve silahını Seydi'nin ölüsüne çevirdi...

10

"...İşte böyle Bora öğretmen," dedi Deli Fadik, "ağabeylerim Elmalıların gözü önünde hunharca öldürüldükten sonra, cemse cemse; her insana bir jandarma düşecek kadar jandarma geldi. Bütün sokakları, araları, evleri tuttu. İş işten geçtikten sonra kuş uçurtmadılar. Evleri bir bir aradılar. Üç tabanca, on beş sopa, değnek, altı bıçak buldular. Elleri kanlı katilleri evlerinde kanlı elbiselerini saklamaya çalışırken yakaladılar. Elmalılar ilçeye taşındı. Herkesin ifadesi alındı. Sonra on beş asker gönderdiler Elmalı'ya. Bunlar evimizin önünden ayrılmadı. Bizi mi korudular, bir şey yapacağımızdan korkup onları mı korudular bilemedim. Köy heyetini ihmalinden dolayı birkaç gün nezarette tuttular. Bütün köylü suçlu aslında! Seyirci oldular, sessiz kaldılar, isteselerdi bu vahşet yaşanmazdı ama iş işten geçti. Telefon kablolarını kesmiş, arabaların lastiklerini patlatmışlar ki kimse ilçeye gidip yardım çağırmasın ya da gelecek olanlar geç gelsin diye.

"Mahkeme aylarca sürdü. Sonunda Sefer, Sefer'in amcası, kaynı ve iki abisi, yengeleri, planlayarak adam öldürmekten dolayı cezalandırıldı. Sefer'in amcası ile bir abisi müebbet, diğerleri de yirmi dörder yıl ceza aldı. Yine de Elmalı eski Elmalı değil. Annem ve babam bu acıya daha fazla dayanamadı, öldüler. Yengelerim de beni evden kovdu. Kendimi öldürmek istedim ama nedense yapamadım. Bu ıssız yerdeki bahçenin kulübesinde yaşamama izin verdiler. Beni yaşatan belki de intikam ateşi, biliyorum yanlış diyorsun ama, gerçek bu, istesem de vazgeçemiyorum bundan. Sabırla hapishaneden çıkmalarını bekliyorum. Her şeye ve herkese inat yaşarsa yaşayacağım, bekleyeceğim!

"Bazen geceleri Elmalı'ya gidiyorum, bir gölge gibi sokaklardan geçiyorum düşmanlarımın damlarını, camlarını taşlıyorum. Kendimce onlara huzur vermiyorum. Bu yüzden adım deliye çıktı. Fadime gitti, Deli Fadik kaldı. Herkes beni suçluyor. Ya ben kimi suçlayım? Burada Arif'in desteği ile yaşıyorum. Çok iyi biri, talihsiz...

"Bizimkisi garip bir ilişki işte senin anlayacağın..."

Bora öğretmen, bir can borçlu olduğu insanın kendisiyle ilgili olan ifadesini de anımsadı.

"*...Bora öğretmen, ağırdı, boyluydu ama vurulduğu yerden anayola kadar nasıl taşıdığımı ben bile bilmiyorum. Allah güç verdi belki, ne bileyim! Kendinden geçmişti. Kan kaybediyordu. Çok beklemedim. İlçeden gelen minibüs durdu. Minibüsten Alızlı Vahap indi, onun yardımı ile Bora öğretmeni minibüse taşıdık. Minibüs yolcularını bırakıp hızla uzaklaştı. Yaşayacağı varmış hâkim bey, başka bir diyeceğim yok!*"

Onu bir daha göremeyecekti. Otele yerleştikten sonra ilk görmek istediği kişi Fadime'ydi aslında. Onu görmek, onunla konuşmak çok iyi olacaktı ama... Ona soracağı çok soru vardı. Fadime'ye karşı hissettiği duyguyu adlandıramıyordu. Fadime gözü pekti, dürüsttü. Gerçekçiydi. Sevecendi. Kararlıydı. Artık Fadime'yi düşünmenin bir yararı yoktu.

Bora öğretmen kendi kedine kızdı. "Hastaneden taburcu olduktan sonra isteseydim onu görebilirdim, ona teşekkür edebilirdim ama bunu yapmadım nedense," dedi. Pişmanlık duydu. Kahroldu. Şimdi yaşasaydı da yine görmeseydi onu. Onun yaşadığını bilmek de güzeldi. Ama bunların hepsi olanaksızdı. Gerçek olan onun bir faili meçhule kurban gittiğiydi.

"Niçin öldürdüler seni Fadime?" dedi usulca, "niçin? Böylesi bir ölümü sana kim, nasıl reva gördü? Aklım almıyor hiç."

"Elmalı köyünden Fadime Gül (24) çobanlar tarafından Alız Dağları Ormanı'nda ölü bulundu. Köyünden uzaktaki bir kulübede yalnız yaşayan ve akli dengesi yerinde olmayan genç kadının sık sık intihar etmeyi düşündüğü ve bunu söylediği yakınlarınca belirtilmesine rağmen yetkililer, kafatasının parçalanmış ve kollarının birkaç yerden kırılmış olduğunu söylediler. Fadime Gül'ün sır dolu ölümü, zor bir bilmece gibi duruyor, yetkililerin önünde..."

Topluma Farklı Bakış

7. Bölüm

1

Hüseyin, biraz daha zayıflamıştı. Benzi solmuştu. Hastalanmıştı. Kesik kesik öksürüyordu. Zaman zaman yalnızlık duygusuna kapılıyor, dalıyor, küçük bir ses duyduğunda bile yüreği ağzına geliyordu. Hayata küsmüştü. Dalgındı. Gün boyu atından inmiyordu. Durmadan dolaşıyordu. Ne yapacağını bilmiyordu, Artık gecelerin ayazından, gündüzlerin sıcağından bıkmıştı. Elbisesi kirden renk değiştirmişti adeta. Çorabı terden çürümek üzereydi. Vücuduna çoktandır sıcak su ve sabun değmemişti. Uyuz olmuştu. Durmadan kaşınıyordu.

Saçı uzamıştı. Kirliydi. Günlerdir dağlardaydı.

Dayanacak gücü kalmamıştı.

Ne olursa olsun kaçtığı köye dönecekti.

Babasını bekleyecekti. Babasını seviyordu. Ona inanıyordu. Onun kendisini almaya gelmiş olabileceğini düşünüyordu. Zaten köye dönmekten başka da çaresi yoktu!

Elindeki söğüt dalıyla ata vurdu. At usul usul yürüdü! Bir süre sonra köy yoluna girdi. At köye yaklaştıkça Hüseyin'in yüreği ağzına geldi.

Sarı buğday başaklarıyla oynayan çocuklar, harman yerinde çalışan insanlar, çeşmede çamaşır yıkayan kadınlar ona bakıyordu. Hüseyin de onlara... Dereköy'ün girişindeki kerpiç evin önünde atı durdurdu. Onu gören çocuk, annesine seslendi. Çamaşır yıkayan kadın kollarından yere dökülen sabun Köpükleriyle geldi. Hüseyin, Zeynel amcasının karısına baktı. Gözleri buğuluydu kadının. İyice sokuldu Hüseyin'e ve onun ayağına dokundu ıslak eli ile.

"Hüseyin," dedi içten, "nerelerdeydin yavrum? N'olmuş böyle sana? Niçin kaçtın? Bizi perişan ettin! Kaçtığın gün jandarma geldi. Evin altını üstüne getirdi. Seni sordu. Kaçtığını söyledik, inanamadılar ve Zeynel amcanı götürdüler! Çok dövmüşler karakolda! 'Yataklık büyük suçtur, cezasını çekeceksin,' demişler ona. Falakaya yatırmışlar. Neden kaçtın Hüseyin, neden? Perişanız kaç gündür, biliyor musun? 'Bu çocuk yüzünden başımız belaya girecek,' dediydim, onu mu duydun? Öyleyse eğer şimdi inandın mı haklı olduğuma? Babanı da götürmüşler. Çok dövmüşler onu da çook! Dayanamamış, söylemiş bizim evde olduğunu... Sabah namazından önce dayandılar kapımıza. Baban arabanın içindeydi, gördüm, iki büklümdü, perişandı. Gözlerini yummuştu. Bize bakamıyordu. Sese köylüler uyandı. Rezil olduk, anlıyor musun Hüseyin'im?

"Zeynel amcan damda malları yemliyor şimdi. Ama ayaklarının üstüne güçlükle durabiliyor. Babanı da bırakmışlar. 'Bir haftaya kadar oğlunu getir, getirmezsen sen bilirsin' demişler. Bana inanmıyorsan, in attan da Zeynel amcana sor! Ha, baban da Vahap'la barışmış! Kulağımızla duyduk görmedik ama...

"Hasta mısın, öksürüyorsun? Rengin de sararmış! Aç mısın? İn attan. Yıkayım seni, elbiselerini. Yemek yapayım sana. Uyu, dinlen, biraz... Bunca zaman nerelerde eğlendin, durdun? Geceleri ne yaptın, nerede yattın, korkmadın mı? Niçin konuşmuyorsun, hep susuyorsun? N'oldu sana çocuk? İn mi cin mi çarptı seni dağlarda? Söylesene ne oldu? Şimdi anan görse seni, öldürür kendini. Anan dedim de aklıma geldi. Seni göresi gelmiş ananın, gelsin bir kere koklayım, öpeyim, göğsüme bastırayım demiş Hüseyin'imi! Sonra, gelsin de teslim olsun demiş! Çünkü yanlış adam vurmuşsun Hüseyin!"

"Sen ne diyorsun yenge?" diye sordu heyecanla.

"Şimdiye kadar söylediklerimi dinlemedin mi yoksa?" dedi kadın.

"Hiç dinlemez olur muyum yenge," dedi Hüseyin, "ne söylediysen duydum."

"Baban Vahap'la barışmış dedim," dedi kadın, "bir şey demedin. Vahap'ı vurmuş olsaydın baban ölen biriyle nasıl barışacaktı değil mi?"

"Ne Vahap'ı vurmamış mıyım?" dedi Hüseyin, "peki kimi vurmuşum, o kimmiş?"

"Deminden beri bunu söylemeye çalışıyorum."diyecek oldu kadın.

Hüseyin hemen onun sözünü kesti: "Ya benim vurduğum kim?" diye sordu tekrar.

"O gün," dedi kadın, "vurduğunu sandığın başkasıymış, çünkü Vahap köye işleri yüzünden geç dönmüş."

"Yolun içine yüzükoyun düştü..." dedi Hüseyin.

"Doğru birini vurdun ama," dedi, "o..."

"Yenge söyle ne olur kimi vurmuşum?"diye sordu Hüseyin.

"Bora öğretmeni vurmuşsun!" dedi kadın üzülerek.

"Bu olamaz hayır!" dedi kekeledi, ağlamaklı oldu.

"Ne yazık ki doğru" dedi kadın, "öğretmeni vurmuşsun!"

"Ben ne yapmışım böyle yenge?" diye sordu tekrar, "Ölmüş mü öğretmenim?"

"Hayır," dedi kadın, "ölmemiş! İyileşiyormuş. Seni, babanı affetmiş. Şikâyetçi olmamış sizden! Senin için bir avukat bile tutmuş. Zeynel amcan söyledi."

"Ne yapayım yenge?" diye sordu Hüseyin.

"Öğretmenin, annen için teslim ol! Anneni daha fazla üzme güzel oğlum!" dedi kadın.

"Çok haklısın" dedi Hüseyin, gözlerinin içi gülüyordu. Tüfeğimi getir yenge!"

"Ne yapacaksın onunla?" dedi kadın.

"Kendimle götüreceğim!" dedi Hüseyin.

"Tüfeğini jandarma götürdü!" dedi kadın.

"Seni, Zeynel amcamı üzdüğüm için beni affedin, hakkınızı da helal edin!"dedi. "Teslim olmaya gidiyorum artık!"

"Güle güle Hüseyin," dedi kadın, "güle güle!"

"Uzun zamandan beri aranan Hüseyin Çetin (14) dün teslim oldu. Üzüntüsünden dolayı güçlükle konuşan Hüseyin Çetin, Bora Elagöz'ü (27) kanlıları Vahap sandığı için öldürmek istediğini itiraf etti.

Yetkililer, soruşturmanın derinleştirileceğini, olayın kaza mı yoksa kasıt mı olduğunun araştırılacağını, bunun da kendilerini kavaklıktaki meçhul kişi ya da kişilere götüreceğini söylediler."

Topluma Farklı Bakış

Sondeyiş / epilog

Bora Elagöz'ün romanına sadık kalmaya çalıştım, dedim de önsözde. Şimdiyse romanın eksiklerini yine onun kısa kısa notlarından yararlanarak gidermeye çalışacağım.

Okuyacağınız her cümlenin romanda adı geçen yerel gazetenin sınırlı haberlerinden ve dostumun ölmesinden bir süre önce gidip aldığı notlardan kotardığımı bir daha söylemek isterim.

Topluma Farklı Bakış'ın haberinden '...çobanlar tarafından Alız Dağları Ormanı'nda ölü bulundu...'ğunu anımsatayım Deli Fadik'in. Elmalı ve Alız köylerindeki söylentiler karakola ulaşınca, neredeyse rafa kaldırılacak olan dosya yeniden açılmış ve soruşturma derinleştirilmiş. Her iki köyden de ilgisi ve bilgisi olanların ifadeleri alınmış. İfadeler ve tanıklar doğrultusunda cesedi bulan Elmalı'dan iki, başka bir köyden ise bir çobanın üzerinde durulmuş. Gözaltına alınan çobanlar çapraz sorguya çekilmiş. Elmalı'dan olan on sekiz yaşındaki çoban çelişkili konuşunca, bu çobana odaklanan sorgucular sonuca gözaltının ikinci gününde ulaşabilmiş.

Fadik'i koyunları otlatırken gördüklerini, önce havadan sudan konuştuklarını, sonra da diğer ikisinin onunla yatmak istediğini açık açık söylemesiyle kadının adeta çıldırdığını; etrafında ne bulduysa alıp kendilerine fırlattığını böylece arbede çıktığını itiraf etmiş. Bir yandan küfreden öte yandan da taş ve kuru dal parçalarıyla saldıran Fadik'i güç bela yakalayabilmişler. İkisinin neden ona tecavüz etmeyip ellerindeki taşlarla kafasını parçalayarak öldürdüklerini kendisi de anlamamış.

Kendisinden üç dört yaş büyük olan bu çobanlar suça ortak olması için onu zorlamış. Ölmüş olan Fadik'e hiç bakmadan hangisi bile olduğunu bilmeden bir koluna birkaç kez taşla vurduğunu başka da hiçbir şey yapmadığını söylemiş.

Diğerleri de kısa zamanda suçlarını itiraf etmiş.

Dediklerine göre, bir rastlantıyla karşılaştıkları Deli Fadik'le başta dalga geçmişler. Nasıl olduğunu bilmedikleri bir gerginliğin içine girmişler. Onun tahrik edici sözlerinden dolayı da olanlar olmuş. Güya o küfür etmeye ve taş atmaya başlayınca, istemedikleri hâlde ölümüne sebep olmuşlar.

Suçlular yargılanmalarının ve işlemelerinin ardından cezaevine kapatılmış...

Deli Fadik'in kocası Arif'e gelince...

Romanda da anlatıldığı gibi isteği dışında gerçekleşen bu evlilikten dolayı çok mutludur Arif...

Mutluluğu eve gelen yeni gelin ve Sefer'in karısına yaptığından sonra azar azar kaybolur. Köyde 'gezemez' olur. Ortalıkta görünmemeye çalışır. Evden, hatta odasından çıkmaz. Her şeye rağmen Fadik'i sever. Elinden geldiğince sahiplenir. Romanda anlatılmasa da, Arif karısına o kulübeyi ve gizli geçit tüneli yapmadan önce, her şeyi arkada bırakıp büyük bir şehre gitmeyi önerir. Yalvarır, yakarır. Onu ikna edemeyince de bir gölge gibi uzaktan izler, korumaya, kollamaya başlar. Ailesinin engel olmak istemesine karşı çıkar ve doğru bildiğini sevdiğinden esirgemez. Ta ki Bora öğretmenin kulübeye sık sık gelip gittiğini görünceye kadar...

Fadik üzülmesin diye ona bir şey sormaz ama kendisini de yer bitirir adeta... Yine de onu kulübeye yakın ve gizlendiği yerlerden takibe devam eder.

Yanında hep bir tabanca taşır karşı koyamayacağı özel durumlar için. Giderek kulübeyi ve Fadik'i gözetlemekle gözetlememek arasında bocalar. En son onun Bora öğretmeni kurtardığı gün orada olduğunu, kimseleri görmediğini söyler...

Gazeteciler bunu öğrenince Arif'in kavaklıktaki kişileri görmüş olduğunu düşünür. Tüm duyumlar bu yöndedir çünkü. Ama o ne şahit olur ne de gördüyse bile 'görmedim,' der.

Ağabeyi Arif için çok üzülür.

Bir başka dünyaya aitmiş gibi neredeyse yemeden, uyumadan kesilmiş kardeşine yardımcı olamadığına hayıflanır. Elinden bir şey gelmez. Onun Fadik'in etrafında dolaşmasına da evden karşı çıkmayan tek kişidir.

Derken Bora öğretmen iyileşir, sorgulanır da...

Ve hapsedildiği duyulur. İçi içine sığmaz Arif'in, soluğu kulübede alır. Onunla konuşur, ısrarcı olur, çok uzaklara gitmek istediğini söyler. Fadik onu incitmeden gitmeyeceğini açıklar... Kararlıdır bu konuda.

Arif kendini eve kapatır. Ağlar günlerce öldürüldüğünü duyunca Fadik'in. Yemez, içmez. Uyumaz. Bir gece yarısı, olaydan üç gün sonra, köpekler bile onun gidişini fark etmez âdeta. Evden bir gölge gibi çıkar... Sabah olduğunda köyde bir feryat figan... Akın akın insan Ariflere akar. Elmalılılar evin içinde, dışında... Arif'in kaçtığı duyulur... Aranır. Yer yarılmış da içine girmiş gibi...

Öğlene doğru biri gelir evin önüne, 'Fadik'in kulübesi yakılmış!' der. Traktörlerle giderler. Yarım günlük bir yangındır gördükleri. Jandarmaya haber verirler...

Umut tükenir, aranmaktan vazgeçilir.

Ateş düştüğü yeri yakar...

Ondan umutlarını kestikleri bir gün...

Arif'in kaybolmasından bir hafta sonra yani kasabanın yakınlarında boğulmuş, bir erkek cesedi bulunur... Kasabalılar onu tanımaz. Jandarma Elmalı'dan kayıp başvurusu olduğu için Arif'in ağabeyini getirir...

Onu görünce dizlerinin bağı çözülür. Davul gibi olmuş bedeni Alız Nehri'nin kıyısında üç beş jandarmanın ve oldukça uzaktan bakan meraklıların arasındaki kardeşini tanır. Keşifçiler gelince de emin olunması için hayası gösterilir komutan tarafından...

Onun yaşama nedeni olarak gördüğü Fadik'in öldürülmüş olması canına kıymasının da en büyük nedeni sanki. Ama dıştan bakınca bir insanın iç dünyasını göremeyiz, neyse... 'Bu yüzden duyunca kendini kaybetti. Üçüncü gün gece yarısı evden çıktı. Önce mezarlığa gitti. Ceketini onun mezarına bıraktı. Sonra da kulübeyi ateşe verdi. Ardından da kendisini Alız'ın bulanık sularına attı, canına kıydı...'

Bu sözler Bora'nın *Elmalılı muhtarın dediği* başlıklı notundan. Kim bilir...

Olup biteni bilmemiz olanaksız ama gazetenin kısa haberine bakılacak olursa sevdiğinin ölümünden büyük üzüntü duyan âşığın intihar ettiğidir.

Yusuf, Canan'ın intiharından çok etkilendi...

Çünkü sevdiği ve bir yuva kurmayı düşündüğü ilk ve tek aşkı aynı zamanda da çocukluk arkadaşıydı. Bir daha köye dönmedi. Hep öldürülme korkusu yaşadı.

Dayısı olan muhtarın, annesinin ara ara gidip yanında kalması da işe yaramadı. İyice bunalıma girdi ve son sınıfın bitimine iki ay kala okulu bıraktı. Ardından da soluğu İstanbul'da aldı. İzini kaybettirmeye çalıştı. En yakın ve en samimi olduğu arkadaşlarına bile nereye gideceğini söylemedi. Annesi jandarmaya, muhtar da ilçede emniyet müdürlüğüne başvurdu. O bir gönüllü kayıp da olsa hayatından endişe etmişler.

Kışın orta yerinde karın diz boyu olduğu bir gece yarısı köye jandarma geldi. Cemseden inen komutan muhtarın kapısını çaldı. Derin uykudaki ev halkı aceleyle uyandı. Köyden birkaç evin ışığı da yandı. Muhtar aşağıya indi. Kapıyı açtı ve içeri buyur etti. Işıkları yanan evlerde ve muhtarda bir endişe büyüdükçe büyüdü.

Kapı önünde konuştular...

Muhtara giyinip gelmesi gerektiği söylendi. Kısa sürede hazırlandı muhtar. Onlarla ilçeye gitmeden önce, karısına bir şeyler mırıldandı ve ablasına gönderdi...

Muhtarın karısı dövünerek bir sokağa yürüdü, muhtar da cemseye bindi.

Yusuf, İstanbul'da bir bekâr odasında gurbetçi birkaç kişiyle kalmaya başlamış.

Halde de iş bulmuş.

İşten eve, evden işe gidip geliyormuş.

Değişmeyen bu kısa süreli yaşamında birkaç gün önce bir şey

olmuş. Arkadaşlarıyla kaldığı bekâr evinin sokağında üç beş tinerci genç yolunu kesmiş. Bilinmeyen bir sebeple kavga çıkmış aralarında. Hiç kimse seslere, arbedeye aldırmamış, polisi aramamış... Sesler ve tinerciler kaybolmuş, bir zaman sonra... Sessizlik acı bir feryatla bozulmuş tekrar. Bu yardım isteyen Yusuf'muş. Polisler geldiğinde de iş işten geçmiş. Tinerciler delik deşik etmiş Yusuf'u. Daha aklı başındaymış. Eşgal verememiş yine de. Onlar onu öylece bırakıp kaçmışlar çünkü. Polislerden biri onun avucunda tuttuğu vesikalık fotoğrafı son anda fark etmiş. Elinden almaya çalışırken o polise, ilini, ilçesini, köyünü ve muhtar olan dayısının adını, kaldığı bekâr evini söylemiş. Polis de not etmiş söylediklerini.

Fotoğrafın da kendi yüzünden intihar eden yavuklusuna ait olduğunu güçlükle söyleyebilmiş. Bir de demiş ki, 'annem hiç üzülmesin, asıl üzgün olan benim. Bu nasılsa başıma gelecekti beklediğimden daha erken oldu hepsi bu. Ne yapıp edip beni Canan'ın yanına gömdürsün annem ve dayım, o zaman huzur bulacağım. Sevdiğime kendimi affettirmiş olacağım. Sevdiğimin ailesi de beni bağışlasın, dileğimi yerine getirsin. Bir yanlış anlama yüzünden sorup sormadan hem sevdiğimi hem de kendimi yaktım. Suçlu aranacaksa, o da benim.'

Muhtar, birkaç gün sonra köye Yusuf'un cenazesiyle gelip yeğenini köy mezarlığına gömmeden önce acılarını paylaşan insanlara yeğeninin son isteğini yetkililerin onun özel eşyalarıyla birlikte kendisine verdiği açıklamalardan aktardı.

Köylüler, çevre köylerden cenazeye gelenler de öğrendi böylece.

Yer gök, börtü böcek acılıydı o an.

Çevre köylerin yürüyebilen yaşlıları bile cenazeye katıldı. Yer gök insan oldu. Bu büyük acıda herkes kendi acısını yeniden yaşadı.

Merak ettiğinize gelecektim tam da...

Canan'ın annesi, babası Yusuf'un son isteğini herkesi şaşırtırcasına kabul etti. Bu konuda çok şey söylendi ama, 'kızlarına karşı suçluluklarını bir parça da olsa affettirmek için kabul ettiler' yakıştırması belki de en aklı başında olanıydı.

Yusuf da başına gelen ölümü, aradan zaman geçtikçe üzdüğünü ve hayatına son vermesine neden olduğunu düşündüğü sevdiğine kendisini bağışlatmak için kabul ettiğiydi.

Doktora gelince, ne yaptıysa kötücül yanını gizlemek, farklı biri olmak için işe yaramadı. Çünkü kötücülük içinin derinliklerinde bir yerde oradan dışına doğru ve ne kadar bastırmaya çalışsa da hücum ediyor/du. O da bu kötücüllüğün hizmetinde bir azgın ve şaşkın olarak yaşıyordu. Sonunda onca yaptığının ve ettiğinin karşılığını misliyle aldı...

Romanda adı geçen gazetenin neredeyse her hafta baş haber yaptığı 'soruşturmanın ağırdan alındığı, doktorun korunduğu...' içerikli haberler işe yaradı. Hem mesleki hem de adli yönden soruşturmalar hızlandı. İlçenin bir mahallesindeki sağlık ocağında görevlendirilmesi pek sıcak karşılanmadığı için de açığa alınacağı haberi hızla yayıldı. Açığa da alındı.

Yalnız açığa alınmasından birkaç gün önce daha çok uzak köylerden ya da onun kötücül olduğunu duymamış olanlardan hastalar tek tük de olsa ona muayene olmaya geliyordu... İşte böyle durumdaki hastalardan birine tacize yeltendi... Muayenehaneden güçlükle ve yarı baygın çıkabilen genç kadının feryadı bir anda önce oradakileri, sonra bahçedekileri, ardından da çevredekileri harekete geçirdi...

Onu lime lime olmuş üst başıyla, kanlar içindeki yüzüyle sağlık ocağından dışarı çıkardılar ve bir yumruk, tekme, küfür ve tükürük yağmuruyla yıkadılar...

Polisler gelip onu yumruk, tekme, küfür ve tükürük yağmurundan güç bela çıkardığında öldü sanmışlardı...

Tam üç yıl hastanede yattı. Vücudunda kırılmadık kemik, parçalanmadık deri, kas kalmamıştı neredeyse. Onca ameliyat, onca tedavi sonunda kendine geldiğinde fiziği de iç dünyası da değişti. Ondan oluşturulmuş ama bazı parçaları yanlış yerleştirilmiş bir yapboz gibiydi görünüşü... Yine de ona olan öfke seli durulmamış hakkındaki şikâyetler arttıkça artmıştı...

Bir mi iki sene mi süren duruşmalardan sonra suçlu bulundu. Hakkındaki birkaç dosyanın tanığı ve şahidi de Bora öğretmendi...

Ömrü kapatıldığı hücreden çıkmasına yetmeyecek, bilinen bu. Mesleğinden de men edildi...

Karısı ve çocukları onu hastanede bile ziyaret etmedi. Bilinmeyen bir yere gittiler gazeteci Zafer'e göre. Hastaneden öğrendiğine göre de yurtdışına çıkmışlar...

Yine Zafer'in bana dediğine göre, kısa bir süre önce gazetelerin üçüncü sayfalarında onunla ilgili bir haber çıkmış. O tür haberler beni de baydığı için gözümden kaçmış olmalıydı. Çünkü her gün üç gazeteyi üstelik de spor sayfaları hariç baştan sona okumaya çalışırım... Habere göre, önce hücresinde tecavüz edilmiş, ardından da kafası hücre duvarına vurularak öldürülmüştü.

Hamit, Ali Sefa, Karadayı ve için diyeceğim şu:

Bora öğretmene karşı vicdani bir sorumluluk duymaları, onların iyiyi, doğruyu görüp 'iyi insan' olduklarını göstermez kuşkusuz. Çünkü insan neyse odur ve bireylerin, toplumların hayatında değişim de öyle çok kolay değil üstelik. Öğretmene karşı yaptıkları, söyledikleri ve izinsiz evini, eşyalarını karıştırmaları, onlara zarar vermeleri başka türlü açıklanamaz.

Bora öğretmen yaralanmasaydı, yani o kurşunlar gelip onu bulmasaydı bu kafadarlar yaptıklarını, söylediklerini arttıracaklardı belki de. Tabii ki bunu ben de hatta bir başkası da bilemez. Onlar mı, tabii ki onlar bilir. Çünkü birbirimizi ya da aynada kendimizi nasıl gördüğümüzün bir anlamı yok. Asıl kim olduğumuzu en iyi biz biliriz. Kendimizle büyüyoruz. En başta kendimizin arkadaşı, yoldaşı, sırdaşı ve de suç ortağıyız.

Bora öğretmen 'Alız'a gittiğimde bana, Hamit, Ali Sefa ve Karadayı 'hoş geldin' demedikleri gibi gözlerindeki nefreti daha da alevlendirdiklerini gördüm.' diye not düştüğü için söylemek istedim bunu.

Onun beklenmedik yaralanışı köylülerde değişik düşünceler, söylemler oluşturması normal. Benzer biçimde çevredekilerin öğretmen için büyük üzüntü duymaları bu kafadarları da etkilemiş olabilir. Bu yüzden de Bora'dan çok çevresinde yani beraber yaşamak zorunda oldukları insanlara karşı en azından görüntüyü kurtarmak için farklı ve olumlu sözler söylemişlerdir.

Dediğim gibi biz yalnızca yorum yapabiliriz, hepsi bu; aslını dıştan bakarak göremeyiz, böyle insanların içlerini. Bu yüzden onların özeleştiri gibi açıklamalarına Bora öğretmen inanmadığı gibi bu hikâyeyi en başından son kelimesine kadar anlatan 'anlatıcı' da samimi bulmamıştır.